あなたの予想と馬券を変える
革命競馬

血統ゲッツ！

2024

水上 学

はじめに〜必ず先にお読みください〜

　ご存知の方もおられるかもしれないが、筆者の予想のメインファクターは、種牡馬データをメインとした血統である。

　ということで、仕事先でしばしば「この馬、距離延びるけど適性はどうなの？」「初めてダート使うけど走れるの？」「道悪、大丈夫？」などと質問を受ける。

　その都度、あくまで血統からの視点で、自分の知識を動員して答えてきたのだが、あるとき、ふと自分の発言に疑いが生じたのだ。

　「この種牡馬の産駒は、重馬場の好走率が高いのは事実だけど、良馬場と比べてどうなのか？　単に大種牡馬だから、どんな馬場でも安定しているのではないか？」

　「この種牡馬とあの種牡馬、ともに距離短縮でいい成績だけど、その種牡馬の標準のパフォーマンスと比べるとどうなのか？」

　この「よく走る」や「下手」の感覚を可視化するために、距離延長や短縮、芝・ダートの道悪時のパフォーマンスを「指数で表示」するというのが、本書の最大の目的である。

●左ページ（コースデータなど）の解説 （左の画像参照）

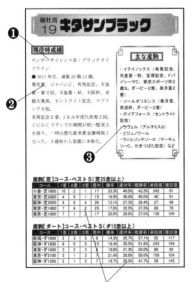

　ここからは、本書をお役立ていただくために、データの見方について詳細に説明していくことにする。

★種牡馬は、現在の産駒出走数が多いものを基本的に優先し、すでに死亡、海外転出しているものについては、現在の中央競馬への影響力で判断した。

　本来はもっと多くの種牡馬を取り上げるべきなのだが、紙幅の関係で割愛したものも多いことはご了承願いたい。

　「〜系」という父系表示は大きな枠組みでのもので、「〜ライン」というのはそ

の大系統のどの枝に属するか、つまり小系統という意味だ。⇒❶

★その下には、種牡馬の生年（没年）と通算勝利数、現役時の主な重賞勝ち鞍を挙げた。現役時の主観的な印象や業績なども、備考として書き添えている。⇒❷

★代表産駒は、大種牡馬については多数の活躍馬がいて、書き切れないケースも多い点をお断りしておく。⇒❸

また重賞勝ち産駒のない馬については、締め切り時点での賞金獲得額の多い馬を優先して列挙した。なお締め切り時点との経過により、他に出世馬が出たケースもある。

★その下には、芝とダートに分けて、規定出走数を個々の種牡馬について設け、複勝率（3着内率）の高い順に得意コースのＴＯＰ５を掲載した。規定出走数については、全体の成績を見て、筆者がデータとして有益な出走数を判断した。⇒❹

なお、3着以内がありながら複勝回収値がゼロになっていることがあるが、これは複勝が2着払い（7頭以下のレース）のケースに該当する。

★以下、すべてのデータの集計期間は、2020年1月5日～23年9月5日までの全ＪＲＡ平地レースである。

また、国内繋養種牡馬については、対象としたのは来日後の初年度産駒以降に限定した。中には海外繋養時に、外国産馬や持ち込みとして産駒を出しているケースもあるが、それは除外している。

●右ページ（パフォーマンス指数など）の解説 （次のページの画像参照）

★芝とダートの距離延長時、短縮時における指数を掲載した。⇒❺

指数について、その算出方法と意味を説明する。ちょっと文字ヅラは煩雑になるが、数式自体は小学生でもわかる簡易なものなので、ぜひおつき合い願いたい。

＜延長のパフォーマンス指数算出式＞

・対象期間内の産駒の距離延長時複勝率÷同期間内の全平地競走馬の距離延長時複勝率→Ａ

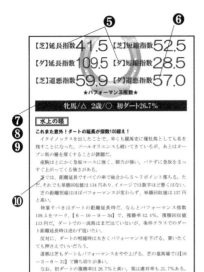

❺ 【芝】延長指数 **41.5**　❻ 【芝】短縮指数 **52.5**
【ダ】延長指数 **109.5**　【ダ】短縮指数 **28.5**
【芝】道悪指数 **59.9**　【ダ】道悪指数 **57.0**
★パフォーマンス指数★
牝馬/△　2歳/○　初ダート26.7%

❼
❽ 【水上の眼】
❾ これまた意外！ダートの延長が指数100超え！
　イクイノックスを出したことで、早くも競馬史に種牡馬としても名を残すことになった。ソールオリエンスも続いてきているが、あとはオープンの場を厚くすることが課題だ。
　産駒はとにかく急坂コースに強く、脚力が強い。バテずに急坂をまって上がってくる強さがある。
❿　芝は、距離延長ですべての率で総合から5〜7ポイント落ちる。ただ、それでも単回収値は134円あり、イメージほど数字は悪くはない。芝の距離短縮はほぼパフォーマンスが変わらず、単勝回収値は137円と高い。
　特筆すべきはダートの距離延長時だ。なんとパフォーマンス指数109.5をマーク、【6－10－9－34】で、複勝率42.4%、複勝回収値113円だ。ダートでの一流馬はまだ出ていないが、条件クラスでのダート距離延長時は迷わず狙いたい。
　反対に、ダートの距離短縮時は大きくパフォーマンスを下げる。買いたくても押さえていいだろう。
　道悪は芝もダートもパフォーマンスをやや上げる。芝の道悪馬では【10－3－6－32】で勝ち切りが多い。
　なお、ダートの複勝率は26.7%と高い。実は連対率も21.7%ある。さらに、前走と競馬場を替えての初ダートがなぜかよくて【6－5－3－24】、複勝率は36.8%まで上がる。同じ場での初ダートは【2－0－0－20】と高くない。

・対象期間内の産駒の前走と同距離時の複勝率÷同期間内の全平地競走馬の同距離時複勝率→B
・対象期間内の産駒の距離延長時複勝率÷同期間内の産駒の同距離時複勝率→C

距離延長時のパフォーマンス指数＝（A－B＋C）×50

　短縮時は、延長の部分が短縮に替わる。これらの処理を、芝・ダートに分けて行ない、距離変更時の指数を4つ算出する。

　なぜ複勝率ベースにしたのかというと、単に馬券対象という視点からである。もちろん、勝率がかなり低いが複勝率は高いという勝ち切れないタイプの種牡馬もいるにはいるのだが、上位に来る可能性が高まるかどうか、という点では同じと判断していただきたい。

　Aの数値については、その種牡馬の産駒の距離延長（短縮）時が、一般的な距離延長（短縮）時よりも優位にあるかどうかを見るもの。

　Bの数値については、その種牡馬が前走と同距離時の場合に、一般的な同距離時よりも優位にあるかどうかを見るもの。

　AからBの数値を引くことで延長（短縮）時が、期間内総合の同距離よりもパフォーマンスが上がるかどうかの第一の目安になる。

　これにさらに、この種牡馬の中での距離延長（短縮）時と同距離時の上がり方を見るために算出した数値Cを加える。

　この数値に、水準値の50を掛けたものが延長（短縮）時の指数となるわけだ。50を上回るほどパフォーマンスが上がることになる。

　ここまでお読みになって、お気づきの方もおられるかもしれないが、この指数では、異なる種牡馬同士の優劣を測る側面は薄い。

メインは、その種牡馬の産駒成績において、水準のパフォーマンスよりどれだけ上げるか、下げるか。その馬が距離変更をしてきた場合に、期待を寄せられるか割り引くべきか。そういう観点で、このパフォーマンス指数を扱ってみてほしいのである。

　なおこの算出式では、例えば延長時に3着以内になったことがないケースは指数ゼロとなるが、3着以内があっても、同距離との成績の差が大きい場合はマイナスの数値で計算されることがある。
　この場合は、あくまで筆者の感覚で申し訳ないのだが、3着以内があるのに、ゼロより下の数値として出すことに抵抗があったので（そこは算出式の欠陥かもしれないが）、数値は「1.0」として出すことにした。

★その下には、芝・ダートそれぞれ道悪時のパフォーマンス指数を掲載した。⇒❻
　なお道悪とは、馬場発表で「重馬場と不良馬場」を対象とした。
　参考までに、集計期間内における全平地競走の距離延長、短縮時の複勝率を掲載しておく。
・芝　延長→18.9%　　短縮→21.7%　　同距離→25.0%
・ダ　延長→17.7%　　短縮→19.6%　　同距離→24.7%

＜道悪のパフォーマンス指数算出式＞
・対象期間内の産駒の芝（ダ）道悪時複勝率÷同期間内の産駒の芝（ダ）良馬場時複勝率→B
・対象期間内の全平地競走馬の道悪時複勝率÷同期間内の全平地競走馬の良馬場時複勝率→A
道悪時のパフォーマンス指数＝（B÷A）× 50

　これについては、あまり説明の要はないだろう。道悪時のその種牡馬の産駒のパフォーマンスと良馬場のパフォーマンスを比較し、それを全体の成績と比較し、水準指数50を掛けて算出したわけである。
　単純に数値が大きいほど得意、低ければ不得手となる。もちろん、こ

ちらも他の種牡馬との比較というよりも、その馬の良馬場のパフォーマンスより上がるか下がるかという視点となる。

★その下には、牝馬産駒と牡馬産駒を比べて、牝馬が牡馬より明らかに好成績の場合は◎、同程度と判断できる場合は〇、明らかに劣る場合は△で表示した。⇒❼

★2歳戦限定の評価も同様に、他年齢より明らかに好成績の場合は◎、同程度と判断できる場合は〇、明らかに劣る場合は△で表示した。⇒❽

★初ダートは、産駒が初めてダートを走った場合の複勝率を表示した。⇒❾

　ただし、集計ソフトの機能上、「地方競馬でダートの経験があるが、中央で芝しか使っていなかった馬がダートに使った場合」は初ダートとして算入されている。また「芝の新馬戦にエントリーして競走除外となった馬が、次にダートを使った場合」も、初ダートとして算入されていることをお断りしておく。

　厳密にいうと、これらは除いて考えるべきなのだが、作業に相当の労力を費やすこと、そのわりにはケースが少なく、サンプル数から考えるとノイズとして処理できると判断したことから、看過することにした。

★そして右ページの下半分には、筆者のその種牡馬への印象、顕著な傾向、データ分析を書き添えた。⇒❿

　なお、ここまで解説したデータや指数すべてについていえることだが、集計期間中には京都開催がわずかしか含まれていない。

　不可抗力なので仕方がないことだが、もし期間内に京都開催が通例のスケジュール通りに行なわれていたら、数値が変化する可能性はある。その点はあしからずご了承願いたい。

●2023年の新種牡馬ページ（P184〜194）の解説 （右ページの画像参照）

★新種牡馬のデータ対象期間は、少しでもサンプルを多く採るために、2023年の産駒のデビュー日から、2023年10月31日までのJRAとした。

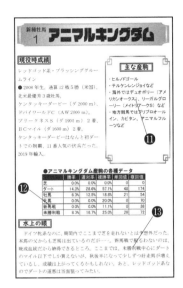

こちらも、海外から送り込んだ産駒は除外している。また代表産駒のピックアップは 11 月 12 日までとしている。⇒⑪

★データについては、芝・ダート、牡牝、新馬戦を未勝利戦に分けた期間内の産駒成績を勝率・連対率・複勝率で出し、単勝と複勝の回収値を加えた。⇒⑫

　新種牡馬はなじみがまだ薄いだけに、傾向をつかむうえでの取っかかりとしていただきたい。新馬戦と未勝利戦については、本書発売後の有効期間が短いが、24 年夏以降にはさらに多数の産駒が出てくると思うので、ご活用願いたい。

　またデータの下の部分では、期間内までの産駒の印象や付加データを、筆者の一存で紹介している。⇒⑬

　さらに巻末には、ご好評をいただいている種牡馬父系図を掲載した。もちろん、近作の拙著に加筆修正をしているので、こちらも積極的にご活用願いたい。

　いささか冗長になってしまったが、ここまでお読みくださった方には、本書を使いこなしていただけると信じる。

　ここからは、ご自分で予想検討される際に、気になる産駒がいたら、辞書のように引いて確認するという地道な作業となる。やや時代錯誤の感もあるが、こういう作業こそが知識の蓄積には役に立つものだ。

　チェックした結果、ご自分がお持ちの産駒イメージと実態が違うということもあると思うが、そうした思い込みを修正するという使い道もあるので、毎週ページを繰ってくだされば幸いだ。

水上　学

血統ゲッツ! 2024

CONTENTS

装丁●橋元浩明（sowhat.Inc.）　本文DTP●オフィスモコナ　写真●武田明彦
※名称、所属は一部を除いて2023年11月25日時点のものです。
※種牡馬の掲載順は五十音順です。
※海外のレース距離は概算です。大よそのイメージをつかんでいただければ幸いです。
※成績、配当、日程は必ず主催者発行のものと照合してください。

馬券は必ず自己責任において購入お願いいたします。

アイルハヴアナザー

現役時成績

ミスタープロスペクター系・フォーティナイナーライン

● 2009 年生。通算 7 戦 5 勝（米国）。北米二冠馬。

ケンタッキーダービー（ダ 2000 m）、プリークネス S（ダ 1900 m）、サンタアニタダービー（ダ 1800 m）他。

三冠のかかったベルモント S は故障で取り消し、そのまま引退し日本で種牡馬入り。2018 年帰国。

20 年産以降の産駒は持ち込みや外国産として輸入。

主な産駒

・アナザートゥルース（アンタレス S 他）
・ウインマーベル（葵 S。スプリンターズ S 2 着他）
・マイネルサーパス
・オメガレインボー
・サヴァ
・ウインジェルベーラ
・カイアワセ
・シゲルバクハツ
・ホウオウトゥルース
・イヤサカなど

産駒【芝】コース・ベスト 5（芝10走以上）

コース	1着	2着	3着	着外	勝率	連対率	複勝率	単回値	複回値
福島・芝2000	2	2	1	7	16.7%	33.3%	41.7%	125	124
函館・芝1200	1	0	3	7	9.1%	9.1%	36.4%	64	80
東京・芝1400	0	3	1	8	0.0%	25.0%	33.3%	0	140
福島・芝1200	2	1	0	7	20.0%	30.0%	30.0%	205	78
小倉・芝1800	0	1	1	11	0.0%	7.7%	15.4%	0	28

産駒【ダート】コース・ベスト 5（ダ20走以上）

コース	1着	2着	3着	着外	勝率	連対率	複勝率	単回値	複回値
中京・ダ1900	0	5	5	13	0.0%	21.7%	43.5%	0	109
小倉・ダ1000	4	5	2	21	12.5%	28.1%	34.4%	111	96
函館・ダ1700	3	5	4	23	8.6%	22.9%	34.3%	64	105
札幌・ダ1700	4	1	2	20	14.8%	18.5%	25.9%	259	97
中京・ダ1400	3	0	4	20	11.1%	11.1%	25.9%	141	100

【芝】延長指数 **69.5** 【芝】短縮指数 **32.0**

【ダ】延長指数 **56.0** 【ダ】短縮指数 **76.0**

【芝】道悪指数 **67.3** 【ダ】道悪指数 **66.0**

★パフォーマンス指数★

牡馬/○　2歳/なし　初ダート8.6%

水上の眼

本領はダートも、芝の距離延長に妙味あり

　血統組成的には、バリバリの北米ダート中距離タイプでありながら、現役ではイヤサカのように芝の中長距離で走る産駒も散見される。

　それを反映してか、サンプルが少なめとはいえ、芝の距離延長時のパフォーマンス指数はとても高く、逆に芝の短縮時は苦戦することが多いようだ。

　その意味では対象期間内の距離短縮時に2勝しているウインマーベルは、そもそも芝短距離で一流になっている点からも、かなり異色のタイプと見ていいだろう。

　ダートでは、この傾向が逆となる。距離延長でも指数は50以上あって、水準よりは走っており割り引く必要はないものの、短縮時の指数は76もあり、ハマることが多い。

　道悪は、芝もダートも戦力アップの傾向がある。

　そしてダート型種牡馬のわりには、初ダートの対応率はかなり悪い。慣れが必要となる傾向が強い。

　上級クラスに上がると勝ち切れない産駒が増えてきて、アタマというよりは複軸タイプ。

　なお2019年に北米へ帰っているので、2歳戦に出る予定は外国産以外なくなった。

アジアエクスプレス

現役時成績

ストームキャット系・ヘネシーライン
● 2011 年生。通算 12 戦 4 勝。最優秀
2 歳牡馬。
朝日杯ＦＳ、レパードＳ。
スプリングＳ２着、アンタレスＳ２着、
名古屋大賞典２着。
当時は海外繋養されていたヘニー
ヒューズの外国産馬として現役生活を
送った。
朝日杯制覇は全日本２歳優駿を除外さ
れて、やむなくの出走であった。芝未
経験馬が芝ＧⅠを制覇したのは、グ
レード制導入後初の快挙だった。

主な産駒

・ワールドタキオン（エルムＳ
2着）
・メディーヴァル
・ボイラーハウス
・シゲルヒラトリ
・キミワテルなど
★地方競馬ではソロユニット、
リバーストーム、マイブレイブ
など。中央では締め切り時点
で重賞未勝利も、地方競馬で
は重賞勝ち馬を輩出中

産駒【芝】コース・ベスト５（芝５走以上）

コース	1着	2着	3着	着外	勝率	連対率	複勝率	単回値	複回値
札幌・芝1500	0	0	3	2	0.0%	0.0%	60.0%	0	280
新潟・芝1000	2	0	0	7	22.2%	22.2%	22.2%	228	73
新潟・芝1600外	2	0	0	7	22.2%	22.2%	22.2%	98	40
札幌・芝1200	1	0	2	11	7.1%	7.1%	21.4%	19	68
東京・芝1400	1	0	0	5	16.7%	16.7%	16.7%	85	35

産駒【ダート】コース・ベスト５（ダ20走以上）

コース	1着	2着	3着	着外	勝率	連対率	複勝率	単回値	複回値
中山・ダ1200	17	20	13	117	10.2%	22.2%	29.9%	71	84
福島・ダ1150	5	5	3	32	11.1%	22.2%	28.9%	169	135
阪神・ダ1400	7	7	6	52	9.7%	19.4%	27.8%	62	65
函館・ダ1700	1	3	3	19	3.8%	15.4%	26.9%	16	75
東京・ダ1400	4	9	9	61	4.8%	15.7%	26.5%	24	74

【芝】延長指数 **71.5** 【芝】短縮指数 **68.5**

【ダ】延長指数 **28.0** 【ダ】短縮指数 **31.0**

【芝】道悪指数 **73.5** 【ダ】道悪指数 **40.0**

★パフォーマンス指数★

牝馬/△ 2歳/◎ 初ダート23.3%

水上の眼

芝は延長でも短縮でも「距離変更」の瞬間が狙い目

　芝では距離を変化させてきたときに変わり身を見せる傾向が強い。もともと芝では若駒の頃が狙いとなるのだが、距離を延ばそうが縮めようが、変化したときこそ、ということになる。

　ダートでは正反対。距離を変化させた場合は苦戦傾向が強い。ペース慣れが必要ということで、前走と同距離を使ってきた場合のほうが、はるかに信頼できそうだ。

　道悪については芝でアップ、ダートは意外にも水準より下がる。パワー型短距離ダートという傾向が出ている。

　牝馬産駒は牡馬よりも頭打ちの傾向。そして2歳戦には強い。

　距離変化に弱いことと関連しているのか、これほどのダート種牡馬なのに、初ダートを意外と苦手としていることは押さえておきたい。ただ、これはあくまでも芝→ダート替わりであって、ダートでのデビュー戦は一切関係ないのでご注意。

　父ヘニーヒューズが大人気のため、どうしてもそちらに繁殖牝馬が回ってしまう傾向があり、そこから漏れた馬からいかに走る産駒を出せるかに今後が懸かっている。いささか不運な種牡馬でもある。

　なお、全弟にマーチSの勝ち馬レピアーウィットがいる。

現役時成績

ミスタープロスペクター系・フォー
ティナイナーライン

● 2003 年生。通算 17 戦 10 勝。年度
代表馬。

ジャパンＣ、宝塚記念、ドバイＤＦ、
札幌記念、京都記念、弥生賞、共同通
信杯、札幌２歳Ｓ。

香港Ｃ２着。

ソラを使う悪癖があり、新馬戦を除く
と、勝つときはすべて０秒２以内とい
う珍しい馬だった。

主な産駒

・ファインニードル（スプリンタ
ーズＳ、高松宮記念他）
・セイウンコウセイ（高松宮記
念、函館スプリントＳ）
・ハクサンムーン（アイビスＳＤ、
セントウルＳ、スプリンターズＳ
２着他）
・ムーンクエイク（京王杯スプ
リングＣ）
・レオアクティブ（京成杯オー
タムＨ他）
・ブラックムーン（京都金杯）
など

産駒【芝】コース・ベスト５（芝15走以上）

コース	1着	2着	3着	着外	勝率	連対率	複勝率	単回値	複回値
阪神・芝1200	2	1	4	11	11.1%	16.7%	38.9%	217	227
中山・芝1200	5	6	6	29	10.9%	23.9%	37.0%	42	137
札幌・芝1200	2	4	2	25	6.1%	18.2%	24.2%	26	88
新潟・芝1000	2	3	2	22	6.9%	17.2%	24.1%	22	149
新潟・芝1400	3	2	1	19	12.0%	20.0%	24.0%	156	76

産駒【ダート】コース・ベスト５（ダ10走以上）

コース	1着	2着	3着	着外	勝率	連対率	複勝率	単回値	複回値
函館・ダ1000	0	4	1	8	0.0%	30.8%	38.5%	0	92
東京・ダ1300	2	1	2	14	10.5%	15.8%	26.3%	60	138
新潟・ダ1200	1	1	2	16	5.0%	10.0%	20.0%	44	213
中京・ダ1200	0	2	3	25	0.0%	6.7%	16.7%	0	44
福島・ダ1150	0	2	2	20	0.0%	8.3%	16.7%	0	40

【芝】延長指数 **39.0**　【芝】短縮指数 **28.0**

【ダ】延長指数 **34.0**　【ダ】短縮指数 **19.0**

【芝】道悪指数 **66.3**　【ダ】道悪指数 **55.7**

★パフォーマンス指数★

牝馬/○　2歳/△　初ダート2.0％

水上の眼

距離変更は大弱点、道悪指数は芝・ダとも買いレベル

　左ページの表を見てもおわかりのように、自身の現役時とは異なり、芝でもダートでも完全に短距離種牡馬にシフトして「しまった」。

　そして芝では、中山・阪神の両急坂コースを得意とし、ダートではどちらかというと、平坦か、ゴールから遠いところに坂があるコースで走っている。

　ただ高齢化のためか、ダートでは勝ち切れなさが目立ってきた。

　パフォーマンス指数を見ると、芝でもダートでも距離変化に弱い。延長はもちろん、縮めた場合も最初のレースでは苦戦することが多いということだ。

　ある意味、凄いのはダートの距離短縮時で、期間内154戦して０勝なのだ。とにかくペース慣れに時間がかかるような、器用さに欠けるタイプが多いのだろう。昔はそんなことはなかったので、これは高齢化に伴う傾向といっていい。

　反面、道悪は芝もダートも水準以上の成績で、とりわけ芝は強調できる。「道悪で前走と同距離」というケースは、特に狙ってみたいポイントである。

　なお性別の差はなく、また２歳馬は苦戦傾向。そしてこれまた特筆すべきは初ダートの酷さだ。複勝率２％は信じられない数字で、思わず間違いかとデータを採り直したほどだ。対象期間内では【０－２－０－97】だった。

アメリカンファラオ

現役時成績

ミスタープロスペクター系・ファピアノライン

● 2012 年生。通算 11 戦 9 勝（米国）。北米三冠馬、年度代表馬。競馬殿堂入り。

ケンタッキーダービー（ダ 2000 m）、ＢＣクラシック（ダ 2000 m、レコードを 5 秒更新）、プリークネスＳ（ダ 1900 m）、ベルモントＳ（ダ 2400 m）、ハスケル招待Ｓ（ダ 1800 m）など。北米供用種牡馬。

主な産駒

- カフェファラオ（フェブラリーＳ2回、南部杯、ユニコーンＳ他）
- ダノンファラオ（ジャパンダートダービー）
- ペルアア（マリーンＣ）
- リフレイム
- コルドンルージュ
- エイシンアメンラー
- コンクパールなど

★海外ではフランスとアメリカでＧⅠ馬を輩出

産駒【芝】コース・ベスト５（芝３走以上）

コース	1着	2着	3着	着外	勝率	連対率	複勝率	単回値	複回値
東京・芝1600	2	2	0	5	22.2%	44.4%	44.4%	68	82
東京・芝1400	2	0	0	3	40.0%	40.0%	40.0%	146	70
小倉・芝1200	0	0	1	2	0.0%	0.0%	33.3%	0	0
函館・芝1200	0	0	1	2	0.0%	0.0%	33.3%	0	366
新潟・芝1400	1	0	0	4	20.0%	20.0%	20.0%	96	34

産駒【ダート】コース・ベスト５（ダ10走以上）

コース	1着	2着	3着	着外	勝率	連対率	複勝率	単回値	複回値
阪神・ダ1200	1	4	1	4	10.0%	50.0%	60.0%	24	108
京都・ダ1800	5	0	1	5	45.5%	45.5%	54.5%	222	104
中京・ダ1800	5	3	3	19	16.7%	26.7%	36.7%	266	128
札幌・ダ1700	2	1	1	8	16.7%	25.0%	33.3%	151	90
阪神・ダ1400	2	1	1	9	15.4%	23.1%	30.8%	57	47

【芝】延長指数 0 【芝】短縮指数 87.0

【ダ】延長指数 55.5 【ダ】短縮指数 26.0

【芝】道悪指数 ? 【ダ】道悪指数 64.5

★パフォーマンス指数★

牝馬/◎ 2歳/◎ 初ダート50.0%

水上の眼

ダートの道悪指数、よさそうに見えて実は……

　まず補足説明から。芝距離延長が指数「0」となっているのは、距離延長での3着以内が【0−0−0−15】で、これまで3着以内がないからだ。

　もうひとつ、芝の道悪が「?」となっているのは、2走しかしていないので判断がつかないということ（ともに4着）。個人的には、北米ダート血統の種牡馬だから、芝の道悪は下手と想像するが……。

　話を戻すと、芝の成績の大半は2歳戦でのもの。特にパフォーマンス指数87の距離短縮時は狙いとなる。

　そしてダートは距離万能といっていい。ただ、ダートでの距離短縮が意外にも指数26とかなり低くなっている。

　道悪ダートはかなり合うのだが、重馬場では実は平凡な成績で、不良馬場まで悪化したら【4−1−3−6】と変貌。これは覚えておきたい。

　牝馬はよく走る。総合成績で牡馬の複勝率は20.9%に対し、牝馬は31.0%と10ポイントも高くなる。単勝回収値は286円もあり、馬券面でもかなりお得となる。

　また初ダートは複勝率5割で単勝回収値が130円。複勝回収値は115円であり、当然買いである。

　海外繋養だけに産駒数は少ないが、それだけにほぼ確実に走ってくる。気性面に難点のある馬も目立ち、上のクラスでは着順が安定しなくなってくる傾向もあるが、外枠に入ったケースや単騎逃げが見込める場合などは特にいいだろう。

アメリカンペイトリオット

現役時成績

ダンチヒ系・ウォーフロントライン

● 2013 年生。通算 14 戦 5 勝（米国、英国）。

メーカーズ 46 マイル S（芝 1600 m）、ケント S（芝 1800 m）他。

ケント S はレコード勝ち。前に行っても追い込んでもよしの自在性を誇った。

4 歳で引退し日本で種牡馬入り。叔父ウェルアームドはドバイワールド C 勝ち馬。

主な産駒

・ビーアストニッシド（スプリングS）
・ブレスレスリー
・パワーブローキング
・クレスコジョケツ
・シルフィードレーヴ
・コズミックフロスト
・イスカンダル
・サザンステート
・ラケマーダなど

産駒【芝】コース・ベスト 5（芝10走以上）

コース	1着	2着	3着	着外	勝率	連対率	複勝率	単回値	複回値
小倉・芝1200	3	7	6	19	8.6%	28.6%	45.7%	156	191
小倉・芝1800	3	1	1	7	25.0%	33.3%	41.7%	283	110
中京・芝2000	0	2	2	9	0.0%	15.4%	30.8%	0	47
中京・芝1400	2	1	0	7	20.0%	30.0%	30.0%	180	61
阪神・芝1600外	1	5	1	17	4.2%	25.0%	29.2%	71	104

産駒【ダート】コース・ベスト 5（ダ10走以上）

コース	1着	2着	3着	着外	勝率	連対率	複勝率	単回値	複回値
中京・ダ1800	1	4	3	13	4.8%	23.8%	38.1%	12	213
阪神・ダ1800	6	7	4	30	12.8%	27.7%	36.2%	45	82
中山・ダ1800	7	1	5	24	18.9%	21.6%	35.1%	88	128
新潟・ダ1200	2	0	2	9	15.4%	15.4%	30.8%	51	51
札幌・ダ1700	2	0	2	10	14.3%	14.3%	28.6%	41	42

【芝】延長指数 **10.0** 　【芝】短縮指数 **55.5**

【ダ】延長指数 **13.0** 　【ダ】短縮指数 **4.0**

【芝】道悪指数 **47.4** 　【ダ】道悪指数 **70.5**

★パフォーマンス指数★

牡馬/○　2歳/○　初ダート22.2%

水上の眼

飛び抜けて高い……道悪ダートは鬼か

　左ページにも書いたように、叔父にドバイWCを勝ったウェルアームドがいて、さらに遠縁にはシンボリクリスエスもいるという良血馬。かつ北米のダンチヒ系の主流になりつつあるウォーフロント産駒の代表格の1頭だが、種牡馬としては曲者感というか、いい意味でのB級感？が漂っている。

　距離適性は芝もダートも、やはり左ページをご覧になればわかるようにバラバラだ。ただ小倉の芝は本当によく走る。

　前走から距離変化した場合は、延びても縮めても狙いづらい。唯一、芝の距離短縮だけが、パフォーマンス指数55.5だから能力を維持して走れるものの、芝の距離延長では指数10、ダートの延長も同様に13しかない。

　ダートの距離短縮の指数はたったの4で、勝率は、前走と同距離の場合のなんと4分の1しかないのだ。基本的に芝・ダートを問わず、前走と同距離出走の場合に買う種牡馬である。

　芝の道悪ではそれほど能力を削がれない。ダートの道悪ではかなりアップする。特に重馬場での勝率は、良馬場時の3倍近い18.4%だ。積極的に狙いたい。

　性差はなく、また2歳戦も無難に走る。

　初ダートでは複勝率22.2%で、これも総合と比較すると、それほど差のない無難な数字だ。

現役時成績

ミスタープロスペクター系・ファピアノライン

● 2013 年生。通算 11 戦 7 勝（米国、ドバイ）。北米最優秀 3 歳牡馬。BCクラシック（ダ 2000 m）、トラヴァーズS（ダ 2000 m）、ドバイワールドC（ダ 2000 m）、ペガサスWC（ダ 1800 m）など。

今季、種牡馬デビューを果たしたカリフォルニアクロームと激戦を繰り広げた。

引退後は米国で供用されたが、2020 年死亡。

主な産駒

・ジュタロウ
・シェイリーン
・ジャスパーグレイト
・ミスティックロアなど
★米国ではアルカンジェロ（ベルモントS、ピーターパンS）、シークレットオース（ケンタッキーオークス）、ファントゥドリーム（ラブレアS）など

産駒【芝】コース・ベスト 5（芝 1 走以上）※馬券対象は3コースのみ

コース	1着	2着	3着	着外	勝率	連対率	複勝率	単回値	複回値
京都・芝1600外	1	0	0	0	100.0%	100.0%	100.0%	330	180
阪神・芝1800外	1	0	0	0	100.0%	100.0%	100.0%	2640	740
阪神・芝2000	0	0	1	0	0.0%	0.0%	100.0%	0	0
札幌・芝1800	0	0	0	1	0.0%	0.0%	0.0%	0	0
函館・芝1800	0	0	0	1	0.0%	0.0%	0.0%	0	0

産駒【ダート】コース・ベスト 5（ダ 3 走以上）

コース	1着	2着	3着	着外	勝率	連対率	複勝率	単回値	複回値
阪神・ダ1800	6	3	1	5	40.0%	60.0%	66.7%	166	98
中京・ダ1400	2	0	0	1	66.7%	66.7%	66.7%	153	96
中京・ダ1800	4	2	1	4	36.4%	54.5%	63.6%	131	96
阪神・ダ2000	1	0	1	2	25.0%	25.0%	50.0%	42	112
東京・ダ2100	0	2	1	3	0.0%	33.3%	50.0%	0	81

【芝】延長指数 ？　　【芝】短縮指数 ？

【ダ】延長指数 36.5　【ダ】短縮指数 92.0

【芝】道悪指数 ——　　【ダ】道悪指数 50.0

★パフォーマンス指数★

牝馬/◎　2歳/なし　初ダート？

| 水上の眼 |

データが少なく断定はできないが、血統力は間違いなく高い

　まずはパフォーマンス指数についての補足。芝の延長短縮ともに「？」となっているのは、延長が3走、短縮が2走しかなく、判断が不可能だからだ。

　初ダートの「？」は、【0－0－1－0】の1走だけで、これも判断が不可能である。ただ、出走が増えていけば、おそらくは好成績続出となるだろう。

　また、道悪の芝が「－」なのは期間内の出走例がないからであり、2歳戦が「なし」となっているのは、すでに死亡していて2歳馬はもう出てこないからである。

　本題に戻ると、現存している産駒の多くがハイパフォーマンスを演じており、またダート中距離に特化していて、今後は重賞レベルまで上がる可能性は高い。

　アンブライドルズソング、フォーティナイナー、デピュティミニスターなどの大種牡馬を血統表の三代以内に持っているという豪華配合で、つくづく早世が惜しまれる種牡馬だ。

　とはいえ、指数を見るとダートの距離延長は36.5だから、割り引きするほうが賢明かもしれない。逆に距離短縮の指数は92もあって、かなり狙い目となる。

　牝馬産駒はよく走る。対牝馬戦でもまったく見劣らない。

種牡馬 7 イスラボニータ

現役時成績

サンデーサイレンス系・フジキセキライン

● 2011 年生。通算 25 戦 8 勝。最優秀 3 歳牡馬。

皐月賞、阪神C、マイラーズC、共同通信杯、セントライト記念、東京スポーツ杯2歳S。

ダービー2着、マイルCS2着。

競走生活前半はクラシック路線、後半はマイルと 1400 mに短縮して活躍。加齢しても大きく衰えなかった。

主な産駒

- ・プルパレイ（ファルコンS）
- ・バトルクライ
- ・ヤマニンサルバム
- ・コスタボニータ
- ・イスラアネーロ
- ・オメガリッチマン
- ・レッドラパルマ
- ・ミカッテヨンデイイ
- ・アルーリングビュー
- ・ニシノレバンテ
- ・トゥードシボンなど

産駒【芝】コース・ベスト5（芝10走以上）

コース	1着	2着	3着	着外	勝率	連対率	複勝率	単回値	複回値
新潟・芝1400	2	1	3	8	14.3%	21.4%	42.9%	370	110
中京・芝1600	4	5	4	20	12.1%	27.3%	39.4%	37	83
東京・芝1400	7	2	1	17	25.9%	33.3%	37.0%	326	95
新潟・芝1800外	1	1	2	7	9.1%	18.2%	36.4%	74	75
中京・芝2000	3	1	0	8	25.0%	33.3%	33.3%	151	69

産駒【ダート】コース・ベスト5（ダ10走以上）

コース	1着	2着	3着	着外	勝率	連対率	複勝率	単回値	複回値
東京・ダ2100	1	4	2	7	7.1%	35.7%	50.0%	151	118
阪神・ダ1800	8	4	2	18	25.0%	37.5%	43.8%	100	92
中京・ダ1800	5	2	1	11	26.3%	36.8%	42.1%	85	61
東京・ダ1300	2	3	0	7	16.7%	41.7%	41.7%	75	77
中山・ダ1200	7	4	9	35	12.7%	20.0%	36.4%	93	96

【芝】延長指数 **39.5**　【芝】短縮指数 **40.0**

【ダ】延長指数 **18.5**　【ダ】短縮指数 **26.5**

【芝】道悪指数 **46.4**　【ダ】道悪指数 **48.5**

★パフォーマンス指数★

牡馬/△　2歳/◎　初ダート15.1%

水上の眼

今のところ早熟の匂いがプンプンするが……

　イマイチつかみどころのない種牡馬ではある。左ページの好走コースを見ても、場の形状や距離がバラバラだ。ただ2022年は175頭の種付けがあり、人気種牡馬となっているので、今後傾向が変わってくる可能性はある。実際に、2023年の秋競馬でプチブレイクを見せた。

　なおフジキセキ系らしく、芝・ダート兼用で走っているが、この傾向は不変だろう。

　パフォーマンス指数を見ると、芝では距離を変えたときは水準のやや下、ダートではかなり買いづらくなることがわかる。

　また、道悪は芝・ダートともに、やや戦力が落ちる程度で踏みとどまっている。

　芝は2000mまでは不問だが、2200m以上になると大きく落ち、スタミナ不足型の産駒が多い。

　ダートは1800m以下なら安定はしているが、芝では得意としている1400mだけはダートになると極端に悪く、同じ距離でも【0－0－1－32】で即消しとなるのが面白いところだ。

　2歳戦は得意としていて、3歳と比べると連対率で5ポイントアップ、複勝率では10ポイントアップとなる。芝もダートも不問だ。

　こう見ると、やや「早熟型種牡馬」といっていいかもしれない。

　距離変化には弱いのだが、初ダートでの複勝率はそれほど酷いものではない。下級条件前提に、買いたい馬がいれば一考程度で。

現役時成績

ストームキャット系・ハーランライン
● 2005 年生。通算 6 戦 3 勝（米国）。
4 年連続北米リーディング。
キャッシュコール・フューチュリティ
（ダ 1700 m）。
マリブ S（ダ 1400 m）2 着。
2 歳 10 月にデビューし 3 戦 2 勝。3
歳時は、2 月に 2 着した後に故障。同
年の秋に復帰して 2 戦 1 勝、この年限
りで引退した。

主な産駒

・グレートサンドシー
・ジゲン
・イモータルスネークなど
★米国ではマンダルーン（ケンタッキーダービー他）、ゴールデンセンツ（BCダートマイル他）、プラクティカルジョーク（シャンパンS他）、ライフイズグッド（BCダートマイル他）などGI馬多数

産駒【芝】コース・ベスト5（芝2走以上）※馬券対象は4コースのみ

コース	1着	2着	3着	着外	勝率	連対率	複勝率	単回値	複回値
中京・芝1600	2	0	0	1	66.7%	66.7%	66.7%	250	96
札幌・芝1500	0	1	1	2	0.0%	25.0%	50.0%	0	75
東京・芝1600	0	0	1	1	0.0%	0.0%	50.0%	0	70
函館・芝1200	0	1	0	3	0.0%	25.0%	25.0%	0	40
中山・芝1600	0	0	0	2	0.0%	0.0%	0.0%	0	0

産駒【ダート】コース・ベスト5（ダ5走以上）

コース	1着	2着	3着	着外	勝率	連対率	複勝率	単回値	複回値
中京・ダ1200	3	4	1	4	25.0%	58.3%	66.7%	160	138
阪神・ダ1200	2	4	1	7	14.3%	42.9%	50.0%	171	120
新潟・ダ1200	3	1	1	6	27.3%	36.4%	45.5%	66	71
東京・ダ1400	3	1	0	5	33.3%	44.4%	44.4%	130	67
中山・ダ1200	0	2	3	7	0.0%	16.7%	41.7%	0	83

【芝】延長指数	？	【芝】短縮指数	？
【ダ】延長指数	52.5	【ダ】短縮指数	80.0
【芝】道悪指数	？	【ダ】道悪指数	68.8

★パフォーマンス指数★

牝馬／〇　2歳／◎　初ダート85.7%

水上の眼

ダートの短縮と、初ダートの一戦は超高率

そもそも4年連続で北米リーディングサイアーになっている大種牡馬であり、産駒はおしなべてレベルが高いのは当然。日本へ入った産駒に重賞勝ち馬こそまだいないが、ジゲンの抜群の安定度、グレードアンドシーの爆発力にその能力がうかがえる。

なお、左ページの得意コースを見ると短距離のイメージを持つかもしれないが、そうとは限らない。

パフォーマンス指数を見ると、芝については、延長・短縮ともにサンプル数が少なすぎて判断不可能。

ダートは、延長時では同距離とあまり変わらず微増程度だが、短縮時は指数80もあり、かなりの確率で馬券圏に入ってくる。

芝の道悪は、サンプル数が少なくてこれも判断不能、ちなみに4走して3着2回であり、少なくともカラッ下手ではないようだ。

ダートの道悪は得意の部類で、特に不良馬場では【4−1−3−6】である。

北米ダート血統らしく早熟傾向で、2歳戦はよく走る。芝が【2−3−3−11】、ダート【4−3−1−5】で、もちろんダートのほうがいいが、芝でも短距離なら好走できる。なお単勝は、芝・ダート総合でベタ買いしても回収値112円だ。

そして特筆すべきは初ダートだ。複勝率85.7%は凄い。着度数では【4−2−0−1】となっていて、人気になるケースが多いだろうが、前走芝の着順が何着であろうと買うレベルである。

ヴァンセンヌ

現役時成績

サンデーサイレンス系・ディープインパクトライン

● 2009 年生。通算 16 戦 6 勝。
東京新聞杯。
安田記念 2 着、京王杯 S C 2 着。
デビューは 3 歳 4 月と大きく遅れたがデビュー勝ち。その後長期離脱、5 歳春から本格化。
6 歳まで競走生活を送ったが、稼働期間は短く、屈腱炎での長期離脱が惜しまれた。脚元の状態が万全だったことはなかったといわれる。

主な産駒

・イロゴトシ（中山グランドJ）
・ロードベイリーフ
・バラジ
・ウォーロード
・ファユエン
・ヤマニンプレシオサ
・チャーミングアクト
・アイアンムスメ
・ピップエレナなど
★地方競馬ではトゥルスウィー、ハルノインパクトなど

産駒【芝】コース・ベスト5（芝10走以上）

コース	1着	2着	3着	着外	勝率	連対率	複勝率	単回値	複回値
中京・芝2000	3	0	1	6	30.0%	30.0%	40.0%	293	83
阪神・芝1600外	2	1	1	6	20.0%	30.0%	40.0%	93	137
東京・芝2000	1	1	2	7	9.1%	18.2%	36.4%	34	62
東京・芝1400	1	0	4	15	5.0%	5.0%	25.0%	210	106
小倉・芝1200	2	4	0	22	7.1%	21.4%	21.4%	155	56

産駒【ダート】コース・ベスト5（ダ10走以上）

コース	1着	2着	3着	着外	勝率	連対率	複勝率	単回値	複回値
新潟・ダ1800	3	2	3	8	18.8%	31.3%	50.0%	380	206
新潟・ダ1200	2	0	2	8	16.7%	16.7%	33.3%	338	135
小倉・ダ1700	2	1	1	11	13.3%	20.0%	26.7%	456	124
東京・ダ1600	1	3	0	15	5.3%	21.1%	21.1%	20	131
中山・ダ1800	0	2	1	14	0.0%	11.8%	17.6%	0	63

【芝】延長指数 **25.5**　【芝】短縮指数 **19.0**

【ダ】延長指数 **48.0**　【ダ】短縮指数 **56.5**

【芝】道悪指数 **55.7**　【ダ】道悪指数 **84.0**

★パフォーマンス指数★

牝馬/△　2歳/△　初ダート11.1%

水上の眼

高指数の道悪ダート、不良馬場なら回収値も断然！

　母は最優秀スプリンターとして一時代を築いたフラワーパークだけに、短距離シフトかと思われたが、ヴァンセンヌ自身の現役時のベストはマイルだった。

　そして産駒は左ページを見てもわかるように、さらに距離適性を延ばしている。これはディープインパクトの血が、母方のノーザンテーストやチャイナロックと呼応したからではないだろうか。

　芝での距離変更時は、あまり好走が見込めない傾向があり、パフォーマンス指数は延長・短縮時ともにかなり低い。

　ダートでは、複勝での指数こそまずまずだが、距離延長時は1勝だけで、ヒモまでとなる。

　道悪は芝でも能力は削がれないようだが、ダートは指数84となっていて、かなり上積みを見込んでいい。50走中、15回の3着以内があり、特に不良馬場では単勝回収値381円、複勝回収値212円と高い数値になっている。

　2歳戦はイマイチで、芝では58走して1勝のみ。

　初ダートは複勝率が低く、【2－0－1－24】なのだが、この2勝は14番人気と11番人気で、爆発力はかなりある。ともに未勝利戦、そして牝馬であり、ダートでもパワー勝負になりそうもない場合は押さえておきたいところ。

ヴィクトワールピサ

現役時成績

サンデーサイレンス系・ネオユニ
ヴァースライン

● 2007 年生。通算 15 戦 8 勝。
皐月賞、有馬記念、ドバイワールドＣ。
中山記念、弥生賞、ラジオＮＩＫＫＥ
Ｉ杯２歳Ｓ。
ダービー３着、ジャパンＣ３着。
最優秀３歳牡馬、古牡馬。
2021 年トルコへ転出した。

主な産駒

・ジュエラー（桜花賞。チューリップ賞２着他）
・アサマノイタズラ（セントライト記念）
・ウィクトーリア（フローラＳ）
・スカーレットカラー（府中牝馬Ｓ。阪神牝馬Ｓ2着他）
・ブレイキングドーン（ラジオNIKKEI賞）
・レッドアネモス（クイーンＳ）
・フォルコメン
・パクスオトマニカなど

産駒【芝】コース・ベスト５（芝15走以上）

コース	1着	2着	3着	着外	勝率	連対率	複勝率	単回値	複回値
京都・芝1600	2	1	4	12	10.5%	15.8%	36.8%	77	131
新潟・芝2200	1	3	2	11	5.9%	23.5%	35.3%	300	183
阪神・芝1200	0	3	3	11	0.0%	17.6%	35.3%	0	115
札幌・芝1200	0	4	2	13	0.0%	21.1%	31.6%	0	142
東京・芝1800	2	5	7	34	4.2%	14.6%	29.2%	40	159

産駒【ダート】コース・ベスト５（ダ30走以上）

コース	1着	2着	3着	着外	勝率	連対率	複勝率	単回値	複回値
東京・ダ2100	1	3	5	28	2.7%	10.8%	24.3%	4	62
中山・ダ1200	2	2	4	26	5.9%	11.8%	23.5%	29	86
中京・ダ1800	2	5	3	36	4.3%	15.2%	21.7%	16	44
新潟・ダ1800	2	7	1	42	3.8%	17.3%	19.2%	19	34
東京・ダ1400	4	1	2	30	10.8%	13.5%	18.9%	47	117

【芝】延長指数**47.0** 【芝】短縮指数**46.0**

【ダ】延長指数**46.0** 【ダ】短縮指数**51.5**

【芝】道悪指数**45.5** 【ダ】道悪指数**53.6**

★パフォーマンス指数★

牝馬/△　2歳/なし　初ダート7.8％

水上の眼

推しの要素が見つからない……「平均値周辺馬」か

　半兄に安田記念馬アサクサデンエンや小倉記念馬で天皇賞・秋2着のスウィフトカレント、近親には阪神JF勝ちのロープティサージュもいる良血だ。

　自身の現役時は、中山や阪神内回りでの強さが目立ち、坂のある小回りコースでより際立ったが、産駒については、左ページの得意コースを見てもわかるように、走る舞台が千差万別で距離も偏らない。

　だからなのか、パフォーマンス指数で見ると見事に50前後をキープしていて、距離変化や馬場状態の影響をほとんど受けないタイプであることがわかる。これは珍しいパターン。

　牝馬の重賞勝ち馬も多いが、近年は牝馬産駒の成績が下がり気味になっている。

　なお芝で頭打ちになってのダート替わりの場合、少なくとも初戦についてはあまり変わり身が期待できない。慣れが必要だ。

　2歳戦が「なし」となっているのは、すでにトルコへ輸出されていて、2023年の2歳世代が最後となっているからだ。

　23年末にこの本を手にされた方もいるかもしれないが、もし残り何週かの2歳戦に間に合ったとして一応記しておくと、2歳馬は芝でしか期待できない。

現役時成績

サンデーサイレンス系・ディープインパクトライン

● 2011 年生。通算 15 戦 10 勝。

イスパーン賞（仏ＧＩ、芝 1850 m）、香港Ｃ（芝 2000 m、レコード勝ち）、毎日王冠、エプソムＣ。

典型的な晩成型の大物で、国内ＧＩは勝てずに終わったが、海外ＧＩを 2 勝。イスパーン賞では 2 着に 10 馬身差をつけた。アイルランドＴで直線を外ラチまで斜めに走ったり、海外ではパドックで放馬したりと、気の悪さを見せることがあった。

主な産駒

- エイシンヒテン（ローズＳ2着、忘れな草賞2着）
- カジュフェイス
- エイシンスポッター
- セリシア
- クープドクール
- タツリュウオー
- ニシノライコウ
- ウェイオブライト
- クラリティスケールなど

★地方競馬では岩手で活躍したエイシンケプラーなど

産駒【芝】コース・ベスト５（芝10走以上）

コース	1着	2着	3着	着外	勝率	連対率	複勝率	単回値	複回値
小倉・芝2000	1	4	0	9	7.1%	35.7%	35.7%	20	109
中京・芝1600	1	1	4	11	5.9%	11.8%	35.3%	17	247
函館・芝1200	3	1	1	10	20.0%	26.7%	33.3%	420	176
中山・芝2000	1	0	3	8	8.3%	8.3%	33.3%	77	112
小倉・芝1200	6	4	3	29	14.3%	23.8%	31.0%	252	140

産駒【ダート】コース・ベスト５（ダ15走以上）

コース	1着	2着	3着	着外	勝率	連対率	複勝率	単回値	複回値
東京・ダ1600	2	4	2	11	10.5%	31.6%	42.1%	17	280
阪神・ダ1800	0	6	6	17	0.0%	20.7%	41.4%	0	132
新潟・ダ1200	2	4	1	14	9.5%	28.6%	33.3%	173	101
新潟・ダ1800	2	0	3	12	11.8%	11.8%	29.4%	151	107
中山・ダ1200	3	4	3	25	8.6%	20.0%	28.6%	74	185

【芝】延長指数 **26.5** 【芝】短縮指数 **50.0**

【ダ】延長指数 **54.5** 【ダ】短縮指数 **40.5**

【芝】道悪指数 **52.8** 【ダ】道悪指数 **74.6**

★パフォーマンス指数★

牝馬/○　2歳/○　初ダート14.5%

水上の眼

短距離戦でのアップは血のなせる業（わざ）

　ディープインパクト×ストームキャットの黄金配合。そして母の母には、トニービンを出した系統であるフォルティノが入っているので、自身がフランスGⅠ（イスパーン賞）を勝ち切ったように、深い芝への適性、馬力を有している。

　その分、産駒も上がりの速さ、切れを求められる舞台は苦手としていて、これはキズナを代表とする、他のディープ×ストームキャット種牡馬と共通しているのだが、さらに脚の重さが強く出ている。

　だから、一気に走ってどれだけもたせられるかという競馬になりがちな、短距離戦で成績が上がっている。

　それゆえか、芝での距離延長の対応力はかなり低く、勝率や連対率は前走と同距離の場合の半分程度しかない。

　芝1200mでは勝ち切りが目立っていて【15－4－9－66】だ。

　ダートでは、意外と1000mの成績がよいのだが、1200m、1400mではヒモ傾向が強まる。

　また道悪ダートはかなり成績アップが見込める。1勝しかしていないのだが、ヒモになることが多く、複勝回収値は重馬場で176円、不良馬場で162円ある。

　初ダート時は、複勝率こそ低く、【1－4－3－47】ながら複勝回収値が124円あり、ヒモ穴となるケースがままある。

現役時成績

ミスタープロスペクター系・キングマンボライン

● 2007 年生。通算 27 戦 6 勝。

ダービー、天皇賞・秋、毎日王冠、京成杯。

有馬記念 2 着、天皇賞・春 2 着、宝塚記念 3 着、皐月賞 3 着、クイーンエリザベス 2 世 C（芝 2000 m）3 着。

スローペースに強く、場を問わずに走れるタフさがあった。なお天覧競馬となった天皇賞・秋で優勝し、鞍上の M・デムーロ騎手との感動的な最敬礼シーンでも知られる。

主な産駒

- ・ヴェラアズール（ジャパンC、京都大賞典）
- ・オニャンコポン（京成杯）
- ・ココロノトウダイ
- ・エイムアンドエイド
- ・コスモイグナーツ
- ・カリオストロ
- ・タマモメイトウ
- ・レッドライデン
- ・インテンスライト
- ・エイシンギアアップなど

産駒【芝】コース・ベスト5（芝15走以上）

コース	1着	2着	3着	着外	勝率	連対率	複勝率	単回値	複回値
東京・芝2400	2	0	3	11	12.5%	12.5%	31.3%	43	68
札幌・芝2000	1	4	2	18	4.0%	20.0%	28.0%	39	146
中山・芝2000	5	6	3	37	9.8%	21.6%	27.5%	165	74
中山・芝2200	1	3	3	12	6.3%	25.0%	25.0%	9	52
新潟・芝2000	4	0	0	13	23.5%	23.5%	23.5%	145	46

産駒【ダート】コース・ベスト5（ダ15走以上）

コース	1着	2着	3着	着外	勝率	連対率	複勝率	単回値	複回値
小倉・ダ1000	3	1	2	13	15.8%	21.1%	31.6%	315	118
中京・ダ1900	3	2	1	15	14.3%	23.8%	28.6%	520	167
函館・ダ1700	3	3	2	24	9.4%	18.8%	25.0%	40	43
阪神・ダ1800	3	6	5	44	5.2%	15.5%	24.1%	13	74
札幌・ダ1700	3	1	4	26	8.8%	11.8%	23.5%	127	64

【芝】延長指数 **23.5** 【芝】短縮指数 **32.5**

【ダ】延長指数 **11.5** 【ダ】短縮指数 **18.0**

【芝】道悪指数 **77.4** 【ダ】道悪指数 **44.6**

★パフォーマンス指数★

牝馬/○ 2歳/○ 初ダート4.5%

水上の眼

ゴリゴリの欧州系は"変化"を嫌う!?

　父キングズベストは欧州型種牡馬の中でも、とりわけ重厚なタイプ。そしてエイシンフラッシュ自身の母方はドイツ牝系。完全なヨーロッパ血統だ。

　スピード競馬が最大の弱点で、前半置かれてしまうような展開だと厳しかったが、スローで馬群が固まり追走が楽になると、後半早めにギアを入れて速い脚を延々続ける競馬に持ち込み、ダービーなどの大レースを勝っていた。

　産駒にもその重厚さが伝わっていて、左ページのように得意コースはおしなべて芝では中長距離となっている。反面、単調な展開になり、かつ時計がかかった場合のローカル芝短距離は、下級条件ならそこそこ戦える。

　ダートでの複勝率の高いコースの大半は、やはり中距離。ただトップが1000ｍ戦となっているのは、パサパサの馬場でハイペースになった場合、最後脚が上がってむしろスタミナ、パワー比べになるケースにハマるからだろう。

　距離が前走より変化すると、芝・ダートともに力を出しづらくなることがわかる。特にダートの距離延長時は、複勝率が同距離の半分程度しかない。馬券で勝負するなら前走と同距離の場合だ。

　芝の道悪は、血統から推察できるようにかなり戦力アップ。

　そして変化に弱いことを表すのか、初ダートでの複勝率も4.5%しかない。

エスケンデレヤ

現役時成績

ストームキャット系・ジャイアンツ
コーズウェイライン

● 2007年生。通算6戦4勝（米国）。
ウッドメモリアルS（ダ1800m）で
2着以下を9馬身以上ちぎる圧勝。
ケンタッキーダービーの最有力馬と目
されたが、故障で早々に引退。2015
年に日本へ輸入された。GIはこの1
勝のみ。

主な産駒

・ダイメイコリーダ
・スズカデレヤ
・ハイエストエンド
・プリモスペランツァなど
★アメリカでの産駒にモースピ
リット（メトロポリタンH）、マイ
トーリ（BCスプリント、メトロ
ポリタンH他）などのGI馬
★地方競馬ではメルトなど

産駒【芝】コース・ベスト5（芝3走以上）

コース	1着	2着	3着	着外	勝率	連対率	複勝率	単回値	複回値
小倉・芝1800	0	2	0	2	0.0%	50.0%	50.0%	0	220
札幌・芝1800	1	1	0	5	14.3%	28.6%	28.6%	85	48
福島・芝1800	0	2	1	8	0.0%	18.2%	27.3%	0	256
小倉・芝1200	2	0	1	10	15.4%	15.4%	23.1%	126	50
函館・芝1200	0	1	0	6	0.0%	14.3%	14.3%	0	22

産駒【ダート】コース・ベスト5（ダ10走以上）

コース	1着	2着	3着	着外	勝率	連対率	複勝率	単回値	複回値
京都・ダ1800	1	2	3	5	9.1%	27.3%	54.5%	60	160
阪神・ダ2000	2	7	2	12	8.7%	39.1%	47.8%	37	83
中京・ダ1900	1	1	3	8	7.7%	15.4%	38.5%	17	116
福島・ダ1700	1	3	3	14	4.8%	19.0%	33.3%	51	108
札幌・ダ1700	2	2	1	11	12.5%	25.0%	31.3%	25	100

【芝】延長指数 2.5　　【芝】短縮指数 38.5

【ダ】延長指数 66.0　　【ダ】短縮指数 24.0

【芝】道悪指数 ?　　【ダ】道悪指数 81.9

★パフォーマンス指数★

牝馬/△　2歳/△　初ダート24.0％

水上の眼

ダートの延長、道悪に買い目あり

　印象としては典型的なダートのB級種牡馬。2勝クラスが天井となっている。

　芝全体で期間内は【5－7－4－125】であり、そのうち距離延長が【0－1－1－26】では、延長指数が2.5という低さになってしまうのも仕方ない。芝の短縮は指数38.5で、いくらかマシという程度。強調するには至らない。

　やはり本線はダートで、距離延長の指数は66。この馬としては戦力アップと考えるべきだ。反対に同じダートでも、距離短縮時は割り引きが必要。左ページの好走コースを見ても、短距離は皆無である。

　芝の道悪を「?」としたのは、【0－2－0－7】でサンプルが少ないためだ。ただ、芝の成績が低いのに連対が2回あるということは、むしろ押さえておくべきか。

　ダートの道悪は指数81.9でかなりよい。複勝率は、良馬場時よりも12ポイント上がる。

　2歳戦は水準時より成績は下がるが、芝でもそこそこはやれる。なお9連対しているが、すべて未勝利戦だ。

　牝馬は、全連対率9.6％で牡馬の17.1％の半分弱まで下がる。牡馬産駒のほうが狙いは立つ。

　初ダート時の複勝率は24％あるのだが、着度数では【0－5－1－19】で勝ちはない。とはいえ複勝回収値は199円もあり、アタマが無理でもヒモには買っておきたい。

エスポワールシチー

現役時成績

サンデーサイレンス系・ゴールドア
リュールライン

● 2005 年生。通算 40 戦 17 勝。
ジャパンCダート（現・チャンピオンズ
C）、フェブラリーS、JBCスプリント、
南部杯3回、かしわ記念3回、マーチS、
みやこS、名古屋大賞典他。
帝王賞2着2回、フェブラリーS2着、
南部杯2着。
JRA最優秀ダート馬2回。当初は芝短
距離で勝ち上がっていたが、その後ダー
トへ転向し3歳から8歳まで走った。高
齢になっても大きく衰えなかった。

主な産駒

・ペイシャエス（ユニコーンS、
名古屋GP）
・メモリーコウ（東京シンデレ
ラマイル2着他）
・ショーム
・ケイアイドリーなど
★地方ではイグナイター（JB
Cスプリント他）、ヴァケーショ
ン（全日本2歳優駿他）、ヤマ
ノファイト、スマイルウィ、イン
ペリシャブルなど

産駒【芝】コース・ベスト5（芝1走以上）※馬券対象は4コースのみ

コース	1着	2着	3着	着外	勝率	連対率	複勝率	単回値	複回値
新潟・芝1000	1	0	0	0	100.0%	100.0%	100.0%	610	220
阪神・芝1200	0	1	1	1	0.0%	33.3%	66.7%	0	123
新潟・芝1200	0	1	0	1	0.0%	50.0%	50.0%	0	230
阪神・芝2000	2	1	2	8	15.4%	23.1%	38.5%	211	121
東京・芝1400	0	0	0	6	0.0%	0.0%	0.0%	0	0

産駒【ダート】コース・ベスト5（ダ20走以上）

コース	1着	2着	3着	着外	勝率	連対率	複勝率	単回値	複回値
阪神・ダ1800	7	4	5	25	17.1%	26.8%	39.0%	468	139
函館・ダ1700	2	1	5	14	9.1%	13.6%	36.4%	50	89
中京・ダ1800	3	3	7	24	8.1%	16.2%	35.1%	58	106
新潟・ダ1200	6	6	3	34	12.2%	24.5%	30.6%	119	95
福島・ダ1150	2	3	5	25	5.7%	14.3%	28.6%	18	81

【芝】延長指数 **0**　　【芝】短縮指数 **89.5**

【ダ】延長指数 **27.5**　　【ダ】短縮指数 **39.0**

【芝】道悪指数 **?**　　【ダ】道悪指数 **41.4**

★パフォーマンス指数★

牝馬/△　2歳/◎　初ダート12.5％

水上の眼

芝の距離短縮、そして意外なことに2歳戦で活躍

　芝を使ってくる産駒自体が少ないわけだが、距離延長時は1回も馬券になったことがない。芝で買うなら、指数89.5と高い数値を示す距離短縮時だ。

　一気に走り切る体力がダートと通ずるということで、この馬に限らずダート種牡馬が、芝で短距離をこなしているケースは珍しくない。

　覚えておきたいのは、ダートでも距離を変化させてきたときは、あまり頼りにならないという点だ。距離延長時は、連対率で見ると、前走と同距離のときと比べて半分の9.8％しかない。

　道悪は、芝は対象内に3戦しかしておらず「?」とした。ダートは、この馬の通常のイメージよりやや下がる。ダートでのスピード競馬はあまり得意ではないといえる。

　牝馬は牡馬に比べると成績は下がる。

　意外だったのは、筆者も今回調べてわかった2歳戦での好走だ。地方競馬での活躍は知っていたが、中央でも数字がここまで高いとは思わなかった。

　2歳のダートは【17－17－8－70】で、連対率30.4％、複勝率37.5％に達する。回収値も単勝で137円、複勝で179円、馬券的にも狙いが立つ。

　逆の意味で意外だったのは、初ダートの成績があまりよくないこと。最初にダートで下ろしてから芝を使い、またダートに戻して好走ということはあっても、芝→ダートの一発目は期待薄だ。

現役時成績

ロベルト系・クリスエスライン

● 2010 年生。通算 14 戦 6 勝。

ジャパンC、菊花賞、神戸新聞杯、ラジオNIKKEI杯2歳S。

ダービー2着、皐月賞2着。

海外へは二度遠征して、いいところがなかった。気性難がつきまとったことが歴史的名馬に至らなかった理由と指摘する向きもある。

ジャパンCで騎乗したスミヨン騎手によると「これまで乗った日本馬の中でベストホース」とのこと。

主な産駒

・エフフォーリア（皐月賞、有馬記念、天皇賞・秋、共同通信杯。ダービー2着）
・デアリングタクト（桜花賞、オークス、秋華賞他）
・サークルオブライフ（阪神JF、アルテミスS）
・アリストテレス（AJCC）
・イズジョーノキセキ（府中牝馬S）
・オーソクレース（菊花賞2着他）
・ジャスティンカフェ（エプソムC）
など

産駒【芝】コース・ベスト5（芝20走以上）

コース	1着	2着	3着	着外	勝率	連対率	複勝率	単回値	複回値
函館・芝2000	4	2	5	12	17.4%	26.1%	47.8%	83	160
阪神・芝2400外	6	3	3	19	19.4%	29.0%	38.7%	382	106
中京・芝2200	9	7	4	35	16.4%	29.1%	36.4%	154	98
札幌・芝1500	5	3	5	23	13.9%	22.2%	36.1%	67	59
新潟・芝2000外	3	2	5	18	10.7%	17.9%	35.7%	29	77

産駒【ダート】コース・ベスト5（ダ20走以上）

コース	1着	2着	3着	着外	勝率	連対率	複勝率	単回値	複回値
東京・ダ2100	1	6	4	21	3.1%	21.9%	34.4%	16	58
中京・ダ1800	5	11	8	63	5.7%	18.4%	27.6%	68	82
阪神・ダ1400	5	8	6	56	6.7%	17.3%	25.3%	30	61
中京・ダ1900	2	1	3	19	8.0%	12.0%	24.0%	41	201
阪神・ダ1800	6	6	11	73	6.3%	12.5%	24.0%	46	86

【芝】延長指数 **49.0**　【芝】短縮指数 **42.5**

【ダ】延長指数 **32.5**　【ダ】短縮指数 **15.0**

【芝】道悪指数 **35.7**　【ダ】道悪指数 **67.6**

★パフォーマンス指数★

牝馬/○　2歳/◎　初ダート12.3％

水上の眼

トップ種牡馬のウィークポイント

　成功種牡馬としての地位を不動のものとしたエピファネイアだが、距離を変化させてきたときの成績は水準以下であるといえる。

　芝の延長時はパフォーマンス指数49だから、ほぼ能力を出すうえでの影響はないと見ていいが、短縮時は42.5とハッキリ下がる。ダートの場合は、延長でも短縮でもさらに悪化（それもかなり）してしまう。

　道悪時を見ると、芝では重・不良馬場での勝率が、良馬場の半分程度に落ち込む。稍重では良とあまり変わらないので、悪化しすぎると我慢が利かないことがわかる。これはエフフォーリアを思い出せば、何となくうなずけるところ。

　反対に、ダートでは渋ると良馬場以上に走れる傾向がある。もっとも、ダートでバリバリ上級クラスを走っている産駒がいないので、天井はあるのだが。

　2歳戦では芝もダートも同様によく走る。ベタ買いしても、単勝回収値は108円ある（芝に限れば116円）。

　好走率を見ると牡牝の差はそれほど見られないのだが、オープンに上がる牝馬は実は少ない。デアリングタクトの印象が強烈だが、重賞を勝っている牝馬は期間内では他にイズジョーノキセキ、サークルオブライフを加えるのみ。

　芝から初めてのダートへ替わっても、複勝率12.3％では強調しづらい。1勝クラス以上では【0－1－1－45】であり、これを除いても（つまり未勝利戦でも）13.8％程度だ。

種牡馬 16 オルフェーヴル

現役時成績

サンデーサイレンス系・ステイゴールドライン

● 2008 年生。通算 21 戦 12 勝。
皐月賞（東京）、ダービー、菊花賞、有馬記念 2 回、宝塚記念、大阪杯、神戸新聞杯、スプリング S 。
ジャパン C 2 着、阪神大賞典 2 着。
欧州ではフォワ賞（芝 2400 m） 2 回。
凱旋門賞（芝 2400 m） 2 着 2 回。J
R A 史上 7 頭目の三冠達成。
日本馬で初の凱旋門賞制覇寸前までいった。初重賞制覇はスプリング S で、歴史的名馬にしては遅めだった。

主な産駒

・ラッキーライラック（大阪杯、エリザベス女王杯2回、阪神JF。桜花賞2着他）
・エポカドーロ（皐月賞他。ダービー2着）
・ウシュバテソーロ（ドバイWC、東京大賞典他）
・マルシュロレーヌ（BCディスタフ）
・オーソリティ（アルゼンチン共和国杯他）
・シルヴァーソニック（ステイヤーズS）など、重賞勝ち馬多数

産駒【芝】コース・ベスト5（芝20走以上）

コース	1着	2着	3着	着外	勝率	連対率	複勝率	単回値	複回値
新潟・芝1200	3	3	3	12	14.3%	28.6%	42.9%	60	116
小倉・芝2600	5	7	5	24	12.2%	29.3%	41.5%	60	172
福島・芝2600	6	3	5	20	17.6%	26.5%	41.2%	231	126
京都・芝1800外	3	2	3	13	14.3%	23.8%	38.1%	236	126
札幌・芝2000	7	6	3	28	15.9%	29.5%	36.4%	147	153

産駒【ダート】コース・ベスト5（ダ30走以上）

コース	1着	2着	3着	着外	勝率	連対率	複勝率	単回値	複回値
阪神・ダ2000	6	3	6	26	14.6%	22.0%	36.6%	68	68
中京・ダ1900	3	4	5	21	9.1%	21.2%	36.4%	50	69
新潟・ダ1800	14	11	5	67	14.4%	25.8%	30.9%	119	77
小倉・ダ1000	6	1	2	21	20.0%	23.3%	30.0%	166	98
中京・ダ1800	7	12	13	78	6.4%	17.3%	29.1%	29	60

【芝】延長指数 **67.0** 【芝】短縮指数 **44.0**

【ダ】延長指数 **37.5** 【ダ】短縮指数 **48.5**

【芝】道悪指数 **53.6** 【ダ】道悪指数 **51.7**

★パフォーマンス指数★

牝馬/○　2歳/△　初ダート19.8%

水上の眼

芝の距離延長を狙って儲けたい！

　ドリームジャーニーの全弟。現役時は爆発的な脚を使い、勝つときは圧勝、負けるときは接戦となることが多かった。

　パフォーマンス指数で特筆されるのは、芝での距離延長時の指数67という高さだ。期間内で608走して単勝回収値108円、驚くべきことに複勝回収値が110円と上回る。つまり1着から3着まで、頻繁に人気薄が走っているということだ。

　さらに、牝馬の距離延長時は単勝回収値124円、複勝回収値122円にハネ上がる。

　反対に距離短縮時は指数44とパフォーマンスは下がる。ただし勝率で見ると、牡馬5.3%、牝馬10.3%となっていて、牡馬のほうがより走れなくなる。

　ダートでの距離変更は、延ばしても縮めてもプラスにはならないようだ。短縮は基準の50よりわずかに下がる程度だが、延長は意外にもかなり下がってしまう。慣れが必要。

　芝・ダートの道悪は、得意とまではいかなくとも、パフォーマンスは下がらない。特に芝では、重馬場の単勝回収値が112円、不良馬場が130円であり、アタマからの狙いが立つ。

　2歳戦は意外と不振。勝率は2歳が5.1%、3歳が9.0%とかなり違う。クラシックで上位に来る産駒が思ったより少ないのは、これが原因だろう。

　初ダートの複勝率は、総合よりやや下がる程度。回収値は単勝77円、複勝63円で、期待度はさほど高くない。

カレンブラックヒル

現役時成績

サンデーサイレンス系・ダイワメジャーライン

● 2009 年生。通算 22 戦 7 勝。

ＮＨＫマイルＣ、毎日王冠、ニュージーランドＴ、ダービー卿ＣＴ、小倉大賞典。

デビュー以来破竹の５連勝。その中には重賞やＧＩも含み、初の古馬との対戦となった毎日王冠まで続き、将来を嘱望されたが、天皇賞・秋５着で連勝が止まると急速に衰えてしまった。それでもその後、重賞２つを勝ったのはさすが。

主な産駒

- ・ラヴケリー
- ・アサヒ（東京スポーツ杯2歳 S2着）
- ・セイウンヴィーナス
- ・カイトゲニー
- ・アーマーバローズ
- ・ジョリダム
- ・カズプレスト
- ・フミバレンタイン
- ・ヒノクニなど
- ★地方ではアザワク、オヌシナニモノなど

産駒【芝】コース・ベスト５（芝20走以上）

コース	1着	2着	3着	着外	勝率	連対率	複勝率	単回値	複回値
函館・芝1200	4	3	3	29	10.3%	17.9%	25.6%	117	99
東京・芝1400	2	2	1	19	8.3%	16.7%	20.8%	35	127
小倉・芝1200	2	7	1	40	4.0%	18.0%	20.0%	33	87
中山・芝1600	2	3	0	20	8.0%	20.0%	20.0%	47	131
東京・芝1600	1	2	2	23	3.6%	10.7%	17.9%	34	181

産駒【ダート】コース・ベスト５（ダ20走以上）

コース	1着	2着	3着	着外	勝率	連対率	複勝率	単回値	複回値
中京・ダ1200	5	6	5	22	13.2%	28.9%	42.1%	65	196
福島・ダ1150	4	1	5	14	16.7%	20.8%	41.7%	87	100
東京・ダ1400	4	13	7	46	5.7%	24.3%	34.3%	96	140
函館・ダ1700	3	4	1	17	12.0%	28.0%	32.0%	62	152
新潟・ダ1800	1	3	3	15	4.5%	18.2%	31.8%	422	153

【芝】延長指数 **36.5** 【芝】短縮指数 **98.5**

【ダ】延長指数 **26.5** 【ダ】短縮指数 **70.5**

【芝】道悪指数 **63.4** 【ダ】道悪指数 **18.6**

★パフォーマンス指数★

牝馬/○　2歳/◎　初ダート18.5%

水上の眼

芝・ダートとも短縮指数が驚異の高さ

　芝でもダートでもかなり顕著になっているのは、距離短縮こそ狙い時ということだ。ご覧のように、芝の短縮指数が98.5と稀に見る高さを示している。

　ただ注意が必要なのは、着度数で見ると【3－15－8－79】であって、勝ちは少ないが2着が異常に膨らんでいる点。なお複勝回収値は131円に達する。

　ダートの短縮時も70.5の高さだ。単勝回収値189円、複勝回収値122円で妙味もかなり高い。ただし、500m以上の大幅短縮は【1－0－0－11】で、さすがに買いづらくなる。

　芝の道悪もパフォーマンス指数がアップする。ただし重馬場は1着なし。不良も【1－4－0－9】と1勝のみで、あくまでヒモでの好走と覚えておこう。

　2歳戦は勝率8.1%で、3歳戦の1.6%を大きく上回る。早熟傾向がかなり強いと見ていい。2歳戦の単勝回収値は124円だ。特にダートは勝率12.4%、単勝回収値292円、複勝回収値153円もある。

　なお、ダートの場合は、早熟傾向は薄く、古馬になっても成績をキープしている。

　初ダートは複勝率18.5%。微妙な数字だが、度数で見ると【5－6－1－53】で、この出走数で単勝回収値98円は比較的高い。人気薄が意外と勝ち切っていることになるので注意したい。

現役時成績

サンデーサイレンス系・ディープインパクトライン

● 2010 年生。通算 14 戦 7 勝。

ダービー、大阪杯（GⅡ時）、京都新聞杯、毎日杯。海外ではニエル賞（芝2400 m）。

3歳で臨んだ凱旋門賞は4着。前哨戦のニエル賞では英ダービー馬ルーラーオブザワールドを破った。

骨折に泣き、早期の引退となったのが惜しまれる。

主な産駒

・ソングライン（安田記念2回、ヴィクトリアM、サウジターフスプリント他）
・アカイイト（エリザベス女王杯）
・ディープボンド（阪神大賞典2回、フォワ賞他。有馬記念2着、天皇賞・春2着）
・バスラットレオン（ゴドルフィンM他）
・ファインルージュ（紫苑S、フェアリーS。秋華賞2着、ヴィクトリアM2着他）など、重賞勝ち馬多数

産駒【芝】コース・ベスト5（芝20走以上）

コース	1着	2着	3着	着外	勝率	連対率	複勝率	単回値	複回値
新潟・芝2000外	3	2	6	14	12.0%	20.0%	44.0%	130	141
函館・芝1800	6	5	6	22	15.4%	28.2%	43.6%	148	100
阪神・芝2400外	6	2		13	26.1%	34.8%	43.5%	136	83
福島・芝2000	6	3	6	22	16.2%	24.3%	40.5%	257	139
東京・芝2000	8	6	4	30	16.7%	29.2%	37.5%	256	124

産駒【ダート】コース・ベスト5（ダ40走以上）

コース	1着	2着	3着	着外	勝率	連対率	複勝率	単回値	複回値
中京・ダ1900	6	11	11	45	8.2%	23.3%	38.4%	43	93
阪神・ダ1800	29	35	21	140	12.9%	28.4%	37.8%	71	100
東京・ダ2100	7	5	8	45	10.8%	18.5%	30.8%	151	90
中京・ダ1800	18	12	16	106	11.8%	19.7%	30.3%	276	130
京都・ダ1800	4	6	4	34	8.3%	20.8%	29.2%	76	111

【芝】延長指数 **52.5** 【芝】短縮指数 **42.5**

【ダ】延長指数 **56.0** 【ダ】短縮指数 **23.0**

【芝】道悪指数 **43.9** 【ダ】道悪指数 **49.3**

★パフォーマンス指数★

牝馬／○　2歳／◎　初ダート40.6％

水上の眼

意外！ダートでこんなにオイシイ狙い目があった

　今や大成功を収めつつあり、ディープインパクト×ストームキャットの成功例の先駆けのような存在である。しかも、パシフィカス牝系で、近親にビワハヤヒデ、ナリタブライアンの兄弟や、ファレノプシスらがいる。

　ただ、まだクラシックの勝ち馬が出ておらず、超一流種牡馬になるにはそこがポイントとなる。決め手、切れという点で惜敗することが多く、馬場や展開の助けが必要になるかもしれない。

　芝では距離短縮時の成績が少し下がり、ダートではさらに大きく下がる傾向がある。それほど高い指数ではないにせよ、芝もダートも距離延長時のほうがパフォーマンスを上げる傾向がある。なお芝の複勝回収値は102円ある。

　芝の道悪は、個人的にもっと成績がいいかと思っていたが、基準指数の50を割った。評価を下げるまでには至らないが、良馬場よりプラスと決めつけるのも危険だ。

　2歳戦はとてもよく走る。意外にもダートは【20－7－9－85】と異様な勝ち切り方をしていて、勝率16.5％、単勝回収値101円と狙い目になる。

　さらに特筆すべきは初ダート時だろう。【5－3－5－19】で、複勝率40.6％は目を見張る高さだ。無条件で買いたい。

現役時成績

サンデーサイレンス系・ブラックタイドライン

● 2012 年生。通算 20 戦 12 勝。

菊花賞、ジャパンC、有馬記念、天皇賞・春2回、天皇賞・秋、大阪杯、京都大賞典、セントライト記念、スプリングS他。

有馬記念2着。JRA年度代表馬2回。

とにかくスランプの期間が短い堅実さを誇り、一時は歴代最多賞金獲得馬となった。3歳秋から急激に本格化。

持続力に優れた馬で、これは母方の血の賜物だろう。

主な産駒

・イクイノックス（有馬記念、天皇賞・秋2回、宝塚記念、ドバイシーマC、東京スポーツ杯2歳S。ダービー2着、皐月賞2着）

・ソールオリエンス（皐月賞、京成杯、ダービー2着）

・ガイアフォース（セントライト記念）

・ラヴェル（アルテミスS）

・ビジュノワール

・ウィルソンテソーロ（マーキュリーC、かきつばた記念）など

産駒【芝】コース・ベスト5（芝25走以上）

コース	1着	2着	3着	着外	勝率	連対率	複勝率	単回値	複回値
小倉・芝1800	10	2	1	17	33.3%	40.0%	43.3%	242	81
東京・芝2000	4	5	1	15	16.0%	36.0%	40.0%	40	91
阪神・芝2000	4	5	4	20	12.1%	27.3%	39.4%	27	98
東京・芝1600	7	6	2	25	17.5%	32.5%	37.5%	80	76
東京・芝1800	7	1	2	17	25.9%	29.6%	37.0%	138	100

産駒【ダート】コース・ベスト5（ダ10走以上）

コース	1着	2着	3着	着外	勝率	連対率	複勝率	単回値	複回値
新潟・ダ1800	2	3	3	6	14.3%	35.7%	57.1%	52	117
阪神・ダ1800	6	5	5	15	19.4%	35.5%	51.6%	243	159
東京・ダ1600	3	2	3	8	18.8%	31.3%	50.0%	86	92
東京・ダ2100	3	1	3	7	21.4%	28.6%	50.0%	159	104
阪神・ダ1200	2	1	2	7	16.7%	25.0%	41.7%	58	145

【芝】延長指数 41.5　【芝】短縮指数 52.5
【ダ】延長指数 109.5　【ダ】短縮指数 28.5
【芝】道悪指数 59.9　【ダ】道悪指数 57.0

★パフォーマンス指数★

牡馬／△　2歳／○　初ダート26.7％

水上の眼

これまた意外！ダートの延長が指数100超え！

　イクイノックスを出したことで、早くも競馬史に種牡馬としても名を残すことになった。ソールオリエンスも続いてきているが、あとはオープン馬の層を厚くすることが課題だ。

　産駒はとにかく急坂コースに強く、脚力が強い。バテずに急坂をまっすぐ上がってくる強さがある。

　芝では、距離延長ですべての率で総合から5〜7ポイント落ちる。ただ、それでも単勝回収値は134円あり、イメージでは数字ほど悪くはない。

　芝の距離短縮はほぼパフォーマンスが変わらず、単勝回収値は137円と高い。

　特筆すべきはダートの距離延長時だ。なんとパフォーマンス指数109.5をマーク。【6－10－9－34】で、複勝率42.4％、複勝回収値113円だ。ダートでの一流馬はまだ出ていないが、条件クラスでのダート距離延長時は迷わず狙いたい。

　反対に、ダートの短縮時は大きくパフォーマンスを下げる。買いたくても押さえでいいだろう。

　道悪は芝もダートもパフォーマンスをやや上げる。芝の重馬場では【10－3－6－32】で勝ち切りが多い。

　なお、初ダートの複勝率は26.7％と高い。実は連対率も21.7％ある。さらに、前走と競馬場を替えての初ダートがなぜかよくて【6－5－3－24】、複勝率は36.8％まで上がる。同じ場での初ダートは【2－0－0－20】と高くない。

種牡馬 20 キングカメハメハ

現役時成績

ミスタープロスペクター系・キングマンボライン

● 2001 年生。通算 8 戦 7 勝。

ダービー、NHKマイルC、神戸新聞杯、毎日杯他。

大種牡馬キングマンボの持ち込み馬として評判を集めた。ダービーでの強さは歴代屈指との声もある。

屈腱炎で 1 年に満たない競走生活を終えたのが大いに惜しまれるが、余力を残しての種牡馬入りがかえって奏功した面も。2019 年死亡。

主な産駒

・ドゥラメンテ（皐月賞、ダービー一他。宝塚記念2着他）
・レイデオロ（ダービー他）
・ローズキングダム（ジャパンC、朝日杯FS他。ダービー2着他）
・ラブリーデイ（宝塚記念、天皇賞・秋他）
・ロードカナロア（安田記念、スプリンターズS2回、香港スプリント2回などGI 6勝）
・アパパネ（牝馬三冠他）
・ホッコータルマエ（チャンピオンズC他）など多数

産駒【芝】コース・ベスト5（芝20走以上）

コース	1着	2着	3着	着外	勝率	連対率	複勝率	単回値	複回値
阪神・芝2400外	3	6	4	16	10.3%	31.0%	44.8%	36	112
京都・芝1800外	3	2	4	12	14.3%	23.8%	42.9%	51	64
福島・芝2000	1	5	6	16	3.6%	21.4%	42.9%	24	107
小倉・芝2600	5	1	2	12	25.0%	30.0%	40.0%	157	84
阪神・芝2000	13	11	5	44	17.8%	32.9%	39.7%	114	122

産駒【ダート】コース・ベスト5（ダ50走以上）

コース	1着	2着	3着	着外	勝率	連対率	複勝率	単回値	複回値
福島・ダ1700	8	4	6	33	15.7%	23.5%	35.3%	69	97
東京・ダ2100	17	10	6	65	17.0%	27.0%	35.0%	425	143
中京・ダ1800	13	8	8	67	13.5%	21.9%	30.2%	110	78
阪神・ダ2000	6	4	6	37	11.3%	18.9%	30.2%	70	81
小倉・ダ1700	9	10	6	58	10.8%	22.9%	30.1%	302	111

【芝】延長指数 **55.0** 【芝】短縮指数 **47.0**

【ダ】延長指数 **75.5** 【ダ】短縮指数 **52.0**

【芝】道悪指数 **43.9** 【ダ】道悪指数 **39.8**

★パフォーマンス指数★

牝馬/○　2歳/なし　初ダート28.4%

水上の眼

ダートの距離延長、中でも東京ダ2100mがオイシイ！

　マイル以下で世界的レベルに達したロードカナロアは異色の産駒で、種牡馬の傾向としては、どちらかというと中距離型だったと見る。

　もう新しい産駒は出ないとはいえ、まだまだ父としても強い影響力を有する。イメージとしては晩年の産駒は、パワー型の色が濃くなっているように思える。

　ダートでの距離延長時はパフォーマンスを大きく上げてくる。特に東京2100mに出走してきたら狙いが立つ。

　ダートでの短縮時のパフォーマンス指数も52で、平均には達している。しかも単勝回収値は148円もあって、人気薄の警戒も必要だ。

　芝の道悪は指数が50を切っているが、個々の馬の得手不得手が大きい。なお不良馬場での単勝回収値は116円あって、得意な馬たちが引き上げている。

　ダートの道悪は、良馬場に比べると複勝率が重馬場で4ポイント、不良馬場で8ポイント下がる。よって指数もかなり低い。基本的にはダートは良馬場でこそで、期間内799走して83勝、単勝回収値133円という驚きの高さだ。

　また初ダートは複勝率28.4%と高い。【23－13－6－106】で単勝回収値も104円とプラスだが、産駒が途絶えた今後は初ダートとなる馬が激減していくはずで、参考記録のようなものになってしまうのが惜しいところ。もし古馬戦で初ダートになる馬を見かけたら、狙ってみたいが……。

現役時成績

ダンチヒ系・グリーンデザートライン
● 2011 年生。通算 8 戦 7 勝（英国、仏国など）。

愛 2000 ギニー、ジャックルマロワ賞、サセックスS、セントジェームズパレスS（以上すべて芝 1600 m）。

英 2000 ギニー（芝 1600 m）2 着。

欧州年度代表馬。英仏のマイルの頂点のレースを同一年に制した史上初の馬となった。

海外供用種牡馬だが、日本への影響力は高まりつつある。

主な産駒

・シュネルマイスター（NHKマイルC、毎日王冠、マイラーズC。安田記念2着、マイルCS2着、弥生賞2着）

・エリザベスタワー（チューリップ賞※メイケイエールと1着同着）

★海外ではペルシアンキング（仏 2000 ギニーなどGI 3勝）、パレスピア（ジャックルマロワ賞などGI 5勝）、フィードザフレイム（パリ大賞）など

産駒【芝】コース・ベスト 5（芝 3 走以上）

コース	1着	2着	3着	着外	勝率	連対率	複勝率	単回値	複回値
阪神・芝1600外	2	1	0	3	33.3%	50.0%	50.0%	98	86
東京・芝1600	1	1	2	4	12.5%	25.0%	50.0%	46	95
中山・芝1600	2	0	0	4	33.3%	33.3%	33.3%	61	41
東京・芝1800	1	0	0	2	33.3%	33.3%	33.3%	86	40
中山・芝1200	1	0	0	2	33.3%	33.3%	33.3%	93	43

産駒【ダート】コース・ベスト 5（ダ 1 走以上）※馬券対象コースなし

コース	1着	2着	3着	着外	勝率	連対率	複勝率	単回値	複回値
阪神・ダ1800	0	0	0	3	0.0%	0.0%	0.0%	0	0
中京・ダ1800	0	0	0	2	0.0%	0.0%	0.0%	0	0
中山・ダ1200	0	0	0	2	0.0%	0.0%	0.0%	0	0
中京・ダ1900	0	0	0	2	0.0%	0.0%	0.0%	0	0
京都・ダ1400	0	0	0	1	0.0%	0.0%	0.0%	0	0

【芝】延長指数 **57.5**　【芝】短縮指数 **127.5**

【ダ】延長指数 **0**　【ダ】短縮指数 **0**

【芝】道悪指数 **?**　【ダ】道悪指数 **?**

★パフォーマンス指数★

牝馬／△　2歳／◎　初ダート0％

水上の眼

指数100超の芝短縮には要注意！

　外国供用で出走サンプルが少ないため、これが種牡馬としての姿を正しく表したパフォーマンス指数とはいえないところもあるが、それにしても距離短縮時のハマり方が大きい。

　もともと短距離血統だけに長いところには出てこないから、大幅な短縮というケースは少ないが、マイル→1400m・1200m、1400m→1200mといったパターンでも、変わり身を見せてくるケースが多いということだ。

　なおダートが「0」となっているのは、期間内に18走して3着以内が一度もないからだ。おそらく、ダート適性はかなり低い。

　道悪についても、芝が2走だけでともに4着以下では判別不能、ダートも4走して同様で判別不能のため「?」とした。

　仕上がりはとても早く、2歳戦は芝に限れば【7－1－0－16】。勝ち切るか消えるか極端である。

　牝馬産駒は、牡馬に比べると成績が下がる。

　なお、意外と昇級戦の成績は控えめで【1－1－0－5】だ。

　芝を競馬場別で見ると、札幌以外のローカル（福島、新潟、小倉、函館）では【0－2－1－26】と不振なのも意外。札幌だけが【3－1－0－7】となっている点は押さえておきたい。

現役時成績

サンデーサイレンス系・フジキセキライン

● 2003 年生。通算 31 戦 12 勝。豪州産の持ち込み馬。

高松宮記念２回、阪神Ｃ２回、スワンS、オーシャンS、函館スプリントS。スプリンターズＳ２着２回、高松宮記念２着。

初重賞勝ちは５歳夏の遅咲き。その分、８歳まで大きな衰えなく走り、ラストランをＧＩ制覇で飾った。ＪＲＡ最優秀短距離馬。

主な産駒

・シュウジ（阪神C他）
・ガロアクリーク（スプリングS。皐月賞3着他）
・モンドキャンノ（京王杯2歳S。朝日杯FS2着）
・ルフトシュトローム（ニュージーランドT）
・リバーラ（ファンタジーS）
・ベルーガ（ファンタジーS）
・サクセスエナジー（浦和・さきたま杯他）など

産駒【芝】コース・ベスト５（芝40走以上）

コース	1着	2着	3着	着外	勝率	連対率	複勝率	単回値	複回値
札幌・芝1200	2	4	5	32	4.7%	14.0%	25.6%	10	90
中京・芝1200	5	3	2	34	11.4%	18.2%	22.7%	69	47
函館・芝1200	5	8	4	59	6.6%	17.1%	22.4%	80	92
福島・芝1200	3	6	8	63	3.8%	11.3%	21.3%	162	98
中山・芝1600	3	2	4	40	6.1%	10.2%	18.4%	20	74

産駒【ダート】コース・ベスト５（ダ70走以上）

コース	1着	2着	3着	着外	勝率	連対率	複勝率	単回値	複回値
小倉・ダ1000	7	11	7	47	9.7%	25.0%	34.7%	46	103
阪神・ダ1200	10	13	18	90	7.6%	17.6%	31.3%	25	102
東京・ダ1600	9	12	9	71	8.9%	20.8%	29.7%	66	97
阪神・ダ1800	8	10	9	66	8.6%	19.4%	29.0%	78	89
新潟・ダ1200	13	14	12	100	9.4%	19.4%	28.1%	82	106

【芝】延長指数 **39.0**　【芝】短縮指数 **27.5**

【ダ】延長指数 **31.0**　【ダ】短縮指数 **35.5**

【芝】道悪指数 **35.2**　【ダ】道悪指数 **45.3**

★パフォーマンス指数★

牝馬／○　2歳／○　初ダート27.3％

水上の眼

芝・ダートとも距離変更がウィークポイント

　産駒の成績を見ると、左ページのようにフジキセキ系の中では最も短距離に寄っている。

　ただ、出世している産駒を見ると、1400mから1800mでの活躍が目立っていて、つまり平均的な産駒の傾向はスプリントだが、それを超えた距離で走っている馬はオープン、重賞レベルの力があるということだろう。

　なお、ダートのほうが距離の融通は利く。

　パフォーマンス指数を見ると、芝もダートも距離変化に弱いことがわかる。延長でも短距離でも、前走同距離と比べると、複勝率は芝・ダートともに6〜8ポイント低下する。

　芝の道悪もあまり得意ではなく、重馬場では複勝率が良馬場時の半分程度になる。

　2歳戦は他の年齢とさほど率に差はないが、ダートに限ると、連対率23.2％、複勝率38.4％とかなり高くなり、複勝回収値は117円だ。ダートなら◎の評価になる。

　初ダートは27.3％で高い部類の複勝率を示している。回収値も110円となる。

　なお、初ダートが前走の芝と同距離の場合は、複勝率が33.9％とさらに上がり、複勝回収値は134円もある。初ダートであっても、距離変化しないことが重要というのは、かなり面白い。

現役時成績

プリンスリーギフト系・サクラバクシ
ンオーライン

● 2008 年生。通算 28 戦 6 勝。

ＮＨＫマイルＣ、朝日杯ＦＳ、スワン
Ｓ、マイラーズＣ、京王杯２歳Ｓ。

安田記念２着２回、マイルＣＳ２着。

最優秀２歳牡馬。

サクラバクシンオー産駒だが、スプリ
ント戦ではなく、マイル戦線で大成し
た。

主な産駒

・モズナガレボシ（小倉記念）

・モズマゾク

・ヒロノトウリョウなど

★地方ではリーチ（川崎・鎌
倉記念）、ゼットパッション（浦
和・桜花賞２着）、モズヘラク
レス（高知・大高坂賞）など

産駒【芝】コース・ベスト５（芝４走以上）

コース	1着	2着	3着	着外	勝率	連対率	複勝率	単回値	複回値
新潟・芝1800外	2	0	1	3	33.3%	33.3%	50.0%	1100	311
東京・芝1600	0	0	2	2	0.0%	0.0%	50.0%	0	425
中京・芝2000	0	2	0	7	0.0%	22.2%	22.2%	0	57
阪神・芝2000	0	0	1	4	0.0%	0.0%	20.0%	0	26
小倉・芝2000	2	0	0	10	16.7%	16.7%	16.7%	145	47

産駒【ダート】コース・ベスト５（ダ10走以上）

コース	1着	2着	3着	着外	勝率	連対率	複勝率	単回値	複回値
札幌・ダ1700	3	4	1	9	17.6%	41.2%	47.1%	160	85
新潟・ダ1800	2	1	1	12	12.5%	18.8%	25.0%	85	56
小倉・ダ1700	1	3	3	21	3.6%	14.3%	25.0%	48	125
阪神・ダ1400	1	5	1	22	3.4%	20.7%	24.1%	10	125
中京・ダ1400	1	1	2	13	5.9%	11.8%	23.5%	12	62

【芝】延長指数 **180.0** 【芝】短縮指数 **195.0**

【ダ】延長指数 **9.5** 【ダ】短縮指数 **16.5**

【芝】道悪指数 **36.2** 【ダ】道悪指数 **69.4**

★パフォーマンス指数★

牝馬/△　2歳/△　初ダート8.3%

水上の眼

マイナー種牡馬の突破口、それは芝・ダートの距離変更にあり！

　種牡馬サクラバクシンオーの後継の座は、ビッグアーサーに取って代わられた感が強い。3歳以降でオープンに上がったのはモズナガレボシ1頭だけ。完全にB級というか、下級条件に滞留する種牡馬となってしまった。

　ただ、絶対に覚えておくべき特徴がこの種牡馬にはある。それは芝とダートの距離変化時の極端すぎるパフォーマンスの差だ。芝では延長、短縮ともに激変することが多い。

　この180、195というバク大な指数は、芝で前走と同距離を使ったときの成績が、期間内ではなんと【0－2－0－44】という、あり得ないような数字であることによる。

　反対にダートでは、前走と距離を変えたらまったく走らなくなる。延長時の複勝率は、同距離出走の半分になってしまう。こちらは消しの材料で使えそうだ。

　そして道悪の芝は走れないことが多いが、ダートの道悪の指数は69.4と、パフォーマンスがかなり上がる。

　2歳戦は【1－1－3－49】と不振。そして牝馬産駒は、勝率が牡馬の半分、複勝率は3割ダウンとなる。

　初ダートは【1－1－0－22】。あまり変わり身が望めない。

グレーターロンドン

現役時成績

サンデーサイレンス系・ディープインパクトライン

● 2012 年生。通算 15 戦 7 勝。

中京記念。

毎日王冠 3 着。

脚部不安に泣き、軌道に乗ったのは古馬になってから。

当時の 500 万下からオープン（東風 S）まで 5 連勝をマークしたが、その後また伸び悩む。6 歳の中京記念レコード勝ちの後、故障し引退。未完の大器に終わった。

主な産駒

- ロンドンプラン（小倉 2 歳 S）
- トラベログ
- キョウエイブリッサ
- ユリーシャ
- ロードプレイヤー
- ナイトインロンドン
- ハッピーロンドンなど

産駒【芝】コース・ベスト 5（芝 10 走以上）

コース	1着	2着	3着	着外	勝率	連対率	複勝率	単回値	複回値
中山・芝1600	1	1	2	2	16.7%	33.3%	66.7%	226	165
福島・芝1200	2	0	2	3	28.6%	28.6%	57.1%	107	108
東京・芝2400	2	1	0	3	33.3%	50.0%	50.0%	81	218
札幌・芝1500	0	2	0	3	0.0%	40.0%	40.0%	0	78
小倉・芝1200	2	0	0	4	33.3%	33.3%	33.3%	193	71

産駒【ダート】コース・ベスト 5（ダ 5 走以上）※馬券対象は4コースのみ

コース	1着	2着	3着	着外	勝率	連対率	複勝率	単回値	複回値
札幌・ダ1700	0	0	1	0	0.0%	0.0%	100.0%	0	160
中京・ダ1400	0	0	1	0	0.0%	0.0%	100.0%	0	280
新潟・ダ1800	1	0	0	1	50.0%	50.0%	50.0%	3160	340
東京・ダ1400	2	1	0	4	28.6%	42.9%	42.9%	214	117
阪神・ダ1400	0	0	0	2	0.0%	0.0%	0.0%	0	0

【芝】延長指数 43.5 【芝】短縮指数 1.0

【ダ】延長指数 ? 【ダ】短縮指数 0

【芝】道悪指数 33.2 【ダ】道悪指数 ?

★パフォーマンス指数★

牝馬/◎ 2歳/◎ 初ダート12.5%

水上の眼

未知の部分が多いものの、まずは２歳戦で狙っていこう

　ロンドンプランが重賞を勝っているが、世代数が少ないとはいえ、これに続く上級馬がなかなか出てこない。やや勝ちみに遅い産駒が多いのは気がかりなところだ。

　芝の距離延長時は【５－４－０－19】。複勝率が32.1％あるので、普通ならパフォーマンス指数はもっと高くてもいいのだが、前走と同距離の成績が【４－３－６－19】、複勝率が40.6％もあるので、どうしても産駒の総合成績として見た場合は相対的に低くなり、50を割ってしまう。決して芝の距離延長がマイナスというわけではないことは頭に置きたい。

　芝の短縮時は【０－０－１－26】と、ほとんど走っていないため「1.0」である。

　ダートは、距離延長例が４走しかないので「？」とした。なお【１－０－０－３】なので、悪くない可能性もある。

　ダートの距離短縮は８走してすべて４着以下。こちらもサンプル不足で判断しづらいが、全滅ということで「０」とした。

　芝の道悪はパフォーマンスが下がる。ダートの道悪は５走して３着１回、これも判断不能のため「？」とした。

　２歳戦は【７－３－４－35】とよく走る。

　初ダートは８走して１着１回。一応12.5％と数字を出しておくが、価値は判断しづらい。基本的には軽く扱いたいところだが……。

種牡馬 25 ゴールドアクター

現役時成績

ロベルト系・シルヴァーホークライン

● 2011 年生。通算 24 戦 9 勝。

有馬記念、日経賞、オールカマー、アルゼンチン共和国杯。

宝塚記念 2 着、菊花賞 3 着、有馬記念 3 着。

3 歳夏に当時の 500 万下→ 1000 万下と連勝、菊花賞に間に合わせたが 3 着。その後、長期休養を挟んで、4 歳夏の復帰戦から重賞 3 つを含む 5 連勝でグランプリホースとなった。

5 歳でも日経賞、オールカマー 1 着、有馬記念 3 着。6 歳で宝塚記念 2 着と長きに渡って活躍した。

主な産駒

・ゴールドバランサー
・マオノアラシ
・ゴールドプリンセス
・サラサビーザベストなど
★地方ではクイーンラブソングなど

産駒【芝】コース・ベスト5（芝3走以上）

コース	1着	2着	3着	着外	勝率	連対率	複勝率	単回値	複回値
小倉・芝1800	1	3	0	2	16.7%	66.7%	66.7%	235	213
京都・芝1600	0	1	1	1	0.0%	33.3%	66.7%	0	106
札幌・芝2000	0	0	2	2	0.0%	20.0%	60.0%	0	226
福島・芝1200	0	0	1	2	0.0%	0.0%	33.3%	0	166
中山・芝2000	0	1	1	6	0.0%	12.5%	25.0%	0	63

産駒【ダート】コース・ベスト5（ダ3走以上）

コース	1着	2着	3着	着外	勝率	連対率	複勝率	単回値	複回値
東京・ダ2100	2	1	0	0	66.7%	100.0%	100.0%	253	166
福島・ダ1700	1	1	2	1	20.0%	40.0%	80.0%	80	152
札幌・ダ1700	1	1	0	1	33.3%	66.7%	66.7%	46	73
東京・ダ1400	0	1	0	3	0.0%	25.0%	25.0%	0	110
新潟・ダ1800	1	0	0	4	20.0%	20.0%	20.0%	72	36

【芝】延長指数 19.5　【芝】短縮指数 ？

【ダ】延長指数 131.5　【ダ】短縮指数 90.0

【芝】道悪指数 ？　　【ダ】道悪指数 50.8

★パフォーマンス指数★

牝馬／△　2歳／△　初ダート18.2%

水上の眼

ダートの距離変更でミラクル指数を弾き出した！

　芝・ダート問わず、ロベルト系全体に活気が出てきているここ数年の中央競馬だが、この馬の産駒もそこそこ走れている。

　スピード対応力に乏しいのは致命的で、芝の重賞を賑わせるような馬が出てくるのは難しいと思うが、ダートなら中距離でオープンを張る馬が現れる可能性は低くないと思う。

　スピード不足でも、芝で距離延長した場合に成績が上がる産駒は少なく、慣れが必要となる。

　芝の距離短縮は「？」とした。これは【0－1－1－12】で、サンプルが増えれば率が急に上がる可能性があるため、現時点では判断不能とするのが妥当と考えたからだ。

　ダートの距離延長初戦は連対率29.4%、複勝率35.3%と好成績。パフォーマンス指数もご覧のように100を楽々超えている。

　また距離短縮初戦の場合は、前走同距離と比べると勝率で5ポイント、連対率で8ポイントも上がる。

　芝の道悪はサンプルが少なく判断不能。ダートなら良馬場と変わらないパフォーマンスを発揮できる。

　2歳戦は芝で【1－3－4－24】、ダートは【0－0－1－14】で、芝はヒモなら期待できるがダートでは厳しい。

　牝馬は勝率が牡馬の半分しかなく見劣る。

　初ダートは【2－0－0－9】で、サンプルが少ないため評価は難しい。率で見ると現状は悪くないが……。

ゴールドシップ

現役時成績

サンデーサイレンス系・ステイゴールドライン

● 2009 年生。通算 28 戦 13 勝。最優秀 3 歳牡馬。

皐月賞、菊花賞、有馬記念、天皇賞・春、宝塚記念 2 回、阪神大賞典 3 回、神戸新聞杯、共同通信杯。

札幌記念 2 着、有馬記念 3 着 2 回他。

気性難から後半はアップダウンの激しい競走生活となったが、芦毛の馬体も相まってファンに愛された。

3 歳から引退した 6 歳まで、毎年 G I を勝ち続けた。

主な産駒

- ・ユーバーレーベン（オークス）
- ・ウインキートス（目黒記念）
- ・ウインマイティー（マーメイドS。オークス3着他）
- ・ゴールデンハインド（フローラS）
- ・ブラックホール（札幌2歳S）
- ・プリュムドール
- ・マカオンドール
- ・ウインピクシス
- ・ジュニパーベリーなど

産駒【芝】コース・ベスト５（芝30走以上）

コース	1着	2着	3着	着外	勝率	連対率	複勝率	単回値	複回値
阪神・芝1800外	1	6	6	17	3.3%	23.3%	43.3%	25	133
福島・芝2600	7	4	11	32	13.0%	20.4%	40.7%	162	126
小倉・芝2600	6	3	4	21	17.6%	26.5%	38.2%	112	124
札幌・芝1800	3	4	4	19	10.0%	23.3%	36.7%	141	159
福島・芝1800	12	3	7	48	17.1%	21.4%	31.4%	155	67

産駒【ダート】コース・ベスト５（ダ20走以上）

コース	1着	2着	3着	着外	勝率	連対率	複勝率	単回値	複回値
中山・ダ1800	6	2	5	38	11.8%	15.7%	25.5%	115	84
福島・ダ1700	2	2	0	16	10.0%	20.0%	20.0%	37	33
新潟・ダ1800	2	4	2	36	4.5%	13.6%	18.2%	24	44
中京・ダ1800	1	1	3	35	2.5%	5.0%	12.5%	10	42
阪神・ダ1800	3	1	2	53	5.1%	6.8%	10.2%	29	27

牝馬／○　2歳／○　初ダート11.0%

水上の眼

芝のスピード決着は苦手も、道悪ならドンとこい！

　同じ「ステイゴールド産駒で母の父メジロマックィーン」のオルフェーヴルと比べると、牝系の質から種牡馬としての成功を個人的に懸念していたのだが、クラシックホースも出したうえにコンスタントに活躍馬を出し続けている。

　ただし、概してスローペースに強く、後半の持続力勝負に持ち込んだ際に力を発揮する。スピード決着は苦手だ。

　芝では、前走と同距離の率がすべてにおいて高い。ただし、距離延長は全604走のうち91連対、単勝回収値は102円あって、パフォーマンスがわずかに下がるといっても、人気以上に走る傾向はあることを覚えておきたい。

　ダートでは、意外にも距離延長で動く。指数64.5とかなり高くなっていて、東京ダ2100mでの好走が目立つ。

　芝の道悪での巧者ぶりはよく知られている。実際にパフォーマンス指数で見ても62.2で、基準を大きく上回る。

　反対にダートの道悪は苦手で、重馬場は【0－0－1－37】だ。しかし、不良になると【3－1－3－28】と上がる。これは、不良の程度にもよるが、バシャバシャになるとかえって脚抜きが悪くなるケースがあるので、スピードへの比重が下がるからだろう。

　2歳戦も意外と走る。そして初ダートでの変わり身は、ご覧のようにあまり望めない。

現役時成績

サンデーサイレンス系・ゴールドアリュールライン

● 2010 年生。通算 33 戦 16 勝。

フェブラリーS 2回、東京大賞典、JBCクラシック2回、帝王賞、南部杯2回、かしわ記念3回、東海S。

JRA最優秀ダート馬。中央地方GI計11勝の最多記録保持。

フェブラリーS初勝利時は単勝最低人気でフロック視されたが、その後の活躍で黙らせた。

7歳まで現役を続け、東京大賞典の初勝利でラストランを飾った。

主な産駒

・コパノニコルソン
・アームズレイン
・セブンスレター
・コパノミッキー
・コパノエルパソなど
★地方ではセブンカラーズ（名古屋・東海ダービー）、エコロクラージュ（園田・園田オータムT）、ファーストリッキー（高知・金の鞍賞）などの重賞勝ち馬を輩出中

産駒【芝】コース・ベスト5（芝2走以上）※馬券対象は4コースのみ

コース	1着	2着	3着	着外	勝率	連対率	複勝率	単回値	複回値
中京・芝1400	0	1	0	1	0.0%	50.0%	50.0%	0	775
福島・芝2000	0	0	1	1	0.0%	0.0%	50.0%	0	90
函館・芝2000	1	0	0	2	33.3%	33.3%	33.3%	406	153
中山・芝2000	0	1	1	4	0.0%	16.7%	33.3%	0	286
京都・芝1200	0	0	0	3	0.0%	0.0%	0.0%	0	0

産駒【ダート】コース・ベスト5（ダ10走以上）

コース	1着	2着	3着	着外	勝率	連対率	複勝率	単回値	複回値
東京・ダ2100	1	1	3	5	10.0%	20.0%	50.0%	157	171
小倉・ダ1700	2	3	2	12	10.5%	26.3%	36.8%	203	118
福島・ダ1700	1	3	0	9	7.7%	30.8%	30.8%	176	84
阪神・ダ1400	3	5	2	27	8.1%	21.6%	27.0%	47	44
福島・ダ1150	3	1	1	14	15.8%	21.1%	26.3%	73	81

牝馬/△　2歳/◎　初ダート7.1%

水上の眼

ベタ買いで単回値がプラス、ダートの穴種牡馬

　種牡馬として地味に成功を収めてきた。産駒の成績にはかなりクセが強く、覚えておくべき点がいくつかある。

　まず芝の1800m以下は【0−2−0−58】とほぼ全滅。だから当然といえば当然だが、芝の距離短縮は【0−0−0−17】である。
真価は当然ダートとなり、ダート全体で719走して、単勝回収値114円。これだけ走って100を超えるというのはかなり珍しく、ダートの穴種牡馬として価値がある。

　とはいえ、ダートの距離延長はパフォーマンス指数で27しかない。短縮のほうは58で、基準を超えている。基本的にダートの前走同距離、あるいは距離短縮時に狙うべきだ。

　道悪の芝は【0−1−0−7】でサンプルが少なく判別不能。

　道悪のダートは、ほぼパフォーマンスが同じ。

　まだ三世代の産駒だが、2歳戦は意外とよく走る。もちろんダートでのことであり、すべての率で2歳時が最高となる、芝は【0−1−0−35】だ。

　これだけダートに適性を示しながらも、芝から初ダートとなったときはなんと複勝率でも7.1%しかない。【0−0−1−13】で、今後少しは上がってくるかもしれないが、意外と期待はできない。

現役時成績

サンデーサイレンス系・ディープインパクトライン

● 2011 年生。通算 29 戦 8 勝。

安田記念、スワンS、京王杯スプリングC。

毎日王冠2着、エプソムC2着、富士S2着。

典型的な晩成マイラーといえる。全姉ラキシス（エリザベス女王杯他）よりは距離指向は短めだった。

主な産駒

・グラスミヤラビ
・ウェルカムニュース
・ディパッセ
・レディバランタイン
・タムロキュラムン
・ハギノメーテル
・ロードアラビアンなど
★シャトル供用されたオセアニアではセイクリッドサトノ（新）、グランインパクト（豪）らが重賞制覇。

産駒【芝】コース・ベスト5（芝10走以上）

コース	1着	2着	3着	着外	勝率	連対率	複勝率	単回値	複回値
小倉・芝1200	4	5	5	27	9.8%	22.0%	34.1%	230	138
東京・芝1400	4	0	1	11	25.0%	25.0%	31.3%	793	160
函館・芝1200	0	2	1	7	0.0%	20.0%	30.0%	0	48
小倉・芝2000	0	0	2	9	0.0%	0.0%	18.2%	0	38
福島・芝1200	2	1	0	14	11.8%	17.6%	17.6%	61	43

産駒【ダート】コース・ベスト5（ダ10走以上）

コース	1着	2着	3着	着外	勝率	連対率	複勝率	単回値	複回値
中京・ダ1900	1	1	4	6	8.3%	16.7%	50.0%	20	135
函館・ダ1700	2	2	0	6	20.0%	40.0%	40.0%	297	103
中京・ダ1800	4	5	4	25	10.5%	23.7%	34.2%	36	84
中京・ダ1200	1	1	3	10	6.7%	13.3%	33.3%	12	83
阪神・ダ1800	6	3	5	34	12.5%	18.8%	29.2%	178	79

【芝】延長指数 **8.5**　　【芝】短縮指数 **9.5**

【ダ】延長指数 **57.5**　　【ダ】短縮指数 **1.0**

【芝】道悪指数 **60.2**　　【ダ】道悪指数 **34.2**

★パフォーマンス指数★

牝馬/○　2歳/○　初ダート16.4%

水上の眼

ダートの延長、芝の道悪で指数アップ

　左ページにも書いたように、全姉ラキシスよりも現役時は短い距離で実績を残したが、この傾向はさらに顕著に産駒へ受け継がれていて、芝は1400m以下に好走コースが固まっている。

　しかし前走からの距離短縮はまったく不振で、複勝率は同距離よりも12ポイントも落ちる。もちろん延長もダメで、勝利は同距離の3分の1、複勝率は半分以下の11.9%になる。基本的に、芝では前走と同距離のときに買うべきだ。

　ダートでは、前走からの延長がハマりやすい。指数57.5で水準より上がってくる。

　ただし距離短縮はまったくダメだ。このパフォーマンス指数1というのは、3着以内に入ったことはあるものの、マイナスゾーンに入るために、やむなく「1」をつけたものだ。

　3着以内がない馬は「0」にするしかないのだが、一応3着以内があり、「0」より下にもできないので、こういうケースには「1」をつけることにした。

　芝の道悪は指数60.2と高い。ただし、勝ってはおらず、ヒモでの狙いとなる。

　ダートの道悪はパフォーマンスを下げる。そして初ダートはまずまずといったところか。

サトノクラウン

現役時成績

ノーザンダンサー系・トライマイベストライン

● 2012 年生。通算 20 戦 7 勝。
宝塚記念、香港ヴァーズ（芝 2400 m）、
弥生賞、京都記念 2 回、東京スポーツ杯 2 歳 S。

天皇賞・秋 2 着。

なお、関東馬の京都記念制覇は 28 年ぶりの快挙だった。

また香港ヴァーズでは、ＢＣカップターフの勝ち馬で凱旋門賞 2 着のハイランドリールを破っている。

主な産駒

・タスティエーラ（ダービー、弥生賞）
・ウヴァロバイト
・トーセンローリエ
・メイショウコギク
・ニシノコウフク
・クラックオブドーン
・レガテアドール
・コスモフーレイなど

産駒【芝】コース・ベスト５（芝５走以上）

コース	1着	2着	3着	着外	勝率	連対率	複勝率	単回値	複回値
札幌・芝1500	2	0	0	4	33.3%	33.3%	33.3%	246	70
中山・芝1600	1	1	1	6	11.1%	22.2%	33.3%	50	172
東京・芝1400	3	1	0	10	21.4%	28.6%	28.6%	60	40
阪神・芝1400	0	1	1	5	0.0%	14.3%	28.6%	0	17
中山・芝2000	1	1	3	13	5.6%	11.1%	27.8%	23	61

産駒【ダート】コース・ベスト５（ダ５走以上）

コース	1着	2着	3着	着外	勝率	連対率	複勝率	単回値	複回値
東京・ダ2100	1	1	2	3	14.3%	28.6%	57.1%	38	78
新潟・ダ1800	0	1	5	10	0.0%	6.3%	37.5%	0	79
阪神・ダ1400	0	2	0	4	0.0%	33.3%	33.3%	0	38
函館・ダ1700	0	1	1	4	0.0%	16.7%	33.3%	0	251
阪神・ダ1200	0	0	1	4	0.0%	0.0%	20.0%	0	116

【芝】延長指数 **53.5** 【芝】短縮指数 **31.5**

【ダ】延長指数 **5.0** 【ダ】短縮指数 **1.0**

【芝】道悪指数 **36.2** 【ダ】道悪指数 **24.7**

★パフォーマンス指数★

牝馬／◎　2歳／◎　初ダート10.5％

水上の眼

早くもダービー馬を輩出、芝の同距離・距離延長で期待大！

　わずか二世代ながら、まさかのダービー馬を送り出した、その他にも有望な馬が散見され、父系としては傍流であるものの、海外ＧⅠも制した能力もあるので、現役時以上のポテンシャルを有する種牡馬なのかもしれない。

　芝では距離延長時にややパフォーマンスが上がる。特に勝率は同距離と比べて倍増する。反対に距離短縮時は割り引いたほうがいい。

　ただ、左ページを見ると複勝率が高いのはマイル前後の距離に固まっている。タスティエーラはあくまで例外的存在か。

　ダートの距離延長は、指数がわずかの５。成績は【０－０－５－34】だ。そしてダートの短縮は、先ほどのサトノアラジンのケースと同様の理由で「１」をつけた。

　道悪は芝もダートも割り引き。基本的に芝の良馬場の、距離延長か同距離時に買うのが最も効率的となる。

　２歳戦は高成績。ただしダートは【０－０－２－31】で、芝でこそ。単勝回収値は126円とかなり高い。

　牝馬は牡馬よりもやや率が高い。

　初ダートは複勝率10.5％で【０－１－３－34】。これではあまり期待できない。

種牡馬 30 サトノダイヤモンド

現役時成績

サンデーサイレンス系・ディープインパクトライン

● 2013 年生。通算 18 戦 8 勝。
菊花賞、有馬記念、神戸新聞杯、阪神大賞典、京都大賞典、きさらぎ賞。
ダービー 2 着。皐月賞 3 着、天皇賞・春 3 着。最優秀 3 歳馬。
ディープ産駒にとって初の菊花賞制覇となった。ただ翌年、凱旋門賞のため渡仏後は不振にあえぎ、京都大賞典の 1 勝のみで引退した。

主な産駒

- サトノグランツ（京都新聞杯、神戸新聞杯）
- シンリョクカ（阪神JF2着）
- ダイヤモンドハンズ
- タツダイヤモンド
- モンドプリューム
- スズハローム
- ウィズユアドリーム
- ディバージオン
- メイショウシナノなど

産駒【芝】コース・ベスト 5（芝 5 走以上）

コース	1着	2着	3着	着外	勝率	連対率	複勝率	単回値	複回値
小倉・芝2000	4	2	1	6	30.8%	46.2%	53.8%	126	132
小倉・芝1800	0	2	1	4	0.0%	28.6%	42.9%	0	68
函館・芝1800	0	2	2	6	0.0%	20.0%	40.0%	0	179
函館・芝1200	0	1	1	3	0.0%	20.0%	40.0%	0	64
阪神・芝1800外	2	0	1	5	25.0%	25.0%	37.5%	77	33

産駒【ダート】コース・ベスト 5（ダ 5 走以上）

コース	1着	2着	3着	着外	勝率	連対率	複勝率	単回値	複回値
札幌・ダ1700	2	1	1	4	25.0%	37.5%	50.0%	116	320
函館・ダ1700	2	0	0	3	40.0%	40.0%	40.0%	164	54
中京・ダ1800	2	0	1	5	25.0%	25.0%	37.5%	130	53
新潟・ダ1800	1	0	1	4	16.7%	16.7%	33.3%	131	71
中山・ダ1800	2	2	1	12	11.8%	23.5%	29.4%	32	37

【芝】延長指数 1.0 　　【芝】短縮指数 21.0

【ダ】延長指数 21.5 　　【ダ】短縮指数 54.5

【芝】道悪指数 49.0 　【ダ】道悪指数 62.5

★パフォーマンス指数★

牝馬/△　2歳/◎　初ダート20.6％

水上の眼

芝なら同距離、2歳ならダート戦で買いたい

　まだ二世代とはいえ、種牡馬としてはやや期待外れの声も聞くが、本来は晩成血統でもあり、今後単発的に大物が出てくる可能性はあるのではないか。

　距離延長は、数式ではちょうど「0」になるのだが、3着以内がない0ではないため、「1」とした。

　かといって、距離短縮でもパフォーマンスは芳しくなく、芝では前走と同距離のときに狙うべき種牡馬だとハッキリしている。例えば代表産駒の1頭サトノグランツも、ダービー大敗から同距離（2400m）の神戸新聞杯で1着となった。

　ダートでは、延長時は成績が低いが、短縮時はパフォーマンスが上がる。ダートでスピード強化のときに成績が上がるのは、道悪のパフォーマンス指数が62.5と高いことにも表れているように思う。

　晩成型の血統ではあるが、ここまで促成を施されている成果は出ていて、2歳馬の成績は高い。意外にもダートで【2－4－1－19】で連対率23.1％、複勝回収値は117円に達している。

　牝馬の成績は、芝とダートでやや違いが出る。ダートでは牡馬が勝率12.9％、複勝率25.8％に対し、牝馬は勝率4.1％、複勝率12.2％と総合的に見てかなり下がる。しかし芝では勝率だけの差となり、牡馬が11.5％、牝馬が7.7％で、それ以外の率は差がほとんどない。

　初ダートは意外と走れている。複勝回収値は100円に近くなっていて、そこそこ穴をあけている。

ザファクター

現役時成績

ダンチヒ系・ウォーフロントライン

● 2008 年生。通算 13 戦 6 勝（米国）

マリブ S（ダ 1400 m）、パットオブブラ

イエン S（AW 1400 m）。

サンヴィンセント S（ダ 1400 m）、レ

ベル S（ダ 1700 m）、サンカルロ S（ダ

1400 m）。

2 戦目でダート 1200 m のコースレ

コードをマークし初勝利を挙げた。

主な産駒

・ショウナンマグマ（ラジオNI

KKEI賞2着）

・ナックドロップス

・サンライズアリオン

・サンノゼテソーロ

・テイエムファクター

・アウグストなど

★海外での産駒ではノーテッド

アンドクォーテッド（シャンデリ

ア S）、シストロン（ビングクロ

スビー S）などが重賞勝ち

産駒【芝】コース・ベスト 5（芝10走以上）

コース	1着	2着	3着	着外	勝率	連対率	複勝率	単回値	複回値
新潟・芝1000	2	1	2	8	15.4%	23.1%	38.5%	44	89
函館・芝1200	2	0	1	10	15.4%	15.4%	23.1%	125	81
小倉・芝1200	2	2	1	21	7.7%	15.4%	19.2%	62	88
福島・芝1200	0	1	0	14	0.0%	6.7%	6.7%	0	10
東京・芝1400	0	1	0	15	0.0%	6.3%	6.3%	0	36

産駒【ダート】コース・ベスト 5（ダ20走以上）

コース	1着	2着	3着	着外	勝率	連対率	複勝率	単回値	複回値
小倉・ダ1000	1	4	4	13	4.5%	22.7%	40.9%	16	110
阪神・ダ1800	2	4	4	16	7.7%	23.1%	38.5%	25	182
中京・ダ1200	4	2	2	14	18.2%	27.3%	36.4%	327	234
福島・ダ1150	3	2	1	14	15.0%	25.0%	30.0%	495	135
東京・ダ1600	3	2	1	15	14.3%	23.8%	28.6%	77	81

【芝】延長指数 **29.5** 【芝】短縮指数 **150.0**

【ダ】延長指数 **16.0** 【ダ】短縮指数 **54.0**

【芝】道悪指数 **0** 【ダ】道悪指数 **48.5**

★パフォーマンス指数★

牝馬/○ 2歳/△ 初ダート16.1%

水上の眼

ダート種牡馬だが、芝での短縮は異常な指数！

　左ページの得意コースを見ても、基本的にはダート種牡馬といえるのだが、芝ではとにかく距離短縮で臨んだときにパフォーマンスをバク上げさせる傾向が強い。指数150は特筆モノだ。

　芝での前走と同距離時は勝率3％、複勝率13.4％に対し、短縮時は勝率で14.6％、複勝率は29.3％で単勝回収値は129円に達する。

　芝もダートの距離延長時は買いづらい。そしてダートでも、芝ほどではないが距離短縮時のほうが走る。単勝回収値128円、複勝回収値111円と馬券妙味も十分だ。

　芝の道悪は13走して3着以内なし。ダートは指数が48.5で、ザファクター産駒の平均的な走りをわずかに下回るが、不良馬場になると【4－2－2－19】で、複勝率は30％近くある。

　牝馬の成績は、芝とダートが逆に出る。複勝率で見ると、芝では牡馬9.8％に対し牝馬は17.4％あるが、ダートでは牡馬28.5％、牝馬20.2％だ。

　初ダートの複勝率は目立たず【3－0－2－26】だが、単勝回収値298円、複勝回収値117円あり、一発に要警戒。人気薄でも押さえておくほうがいい。

種牡馬 32 シニスターミニスター

現役時成績

ボールドルーラー系・エーピーインディライン

● 2003年生。通算13戦2勝（米国）。ブルーグラスS（ダ1800m）。現役時代はこのレースを圧勝し、ケンタッキーダービーの上位候補となったが大敗。その後まったくいいところなく引退し、日本（日高）で種牡馬入りとなった。

主な産駒

・テーオーケインズ（チャンピオンズC、帝王賞他）
・インカンテーション（レパードS他。フェブラリーS2着）
・グランブリッジ（関東オークス他）
・キングズガード（JBCクラシック他。みやこS2着他）
・ドライスタウト（全日本2歳優駿、武蔵野S）など
★地方競馬ではミックファイア（南関三冠）など

産駒【芝】コース・ベスト5（芝1走以上）※馬券対象は1コースのみ

コース	1着	2着	3着	着外	勝率	連対率	複勝率	単回値	複回値
新潟・芝1200	0	0	1	0	0.0%	0.0%	100.0%	0	1290
小倉・芝1200	0	0	0	9	0.0%	0.0%	0.0%	0	0
新潟・芝1000	0	0	0	11	0.0%	0.0%	0.0%	0	0
中山・芝1600	0	0	0	4	0.0%	0.0%	0.0%	0	0
東京・芝1600	0	0	0	3	0.0%	0.0%	0.0%	0	0

産駒【ダート】コース・ベスト5（ダ60走以上）

コース	1着	2着	3着	着外	勝率	連対率	複勝率	単回値	複回値
阪神・ダ1800	26	17	11	89	18.2%	30.1%	37.8%	118	95
小倉・ダ1000	8	7	8	43	12.1%	22.7%	34.8%	95	146
東京・ダ1400	20	13	14	90	14.6%	24.1%	34.3%	153	115
中京・ダ1200	12	7	7	50	15.8%	25.0%	34.2%	237	148
福島・ダ1700	9	7	12	54	11.0%	19.5%	34.1%	79	89

【芝】延長指数 0　　【芝】短縮指数 0

【ダ】延長指数 59.5　　【ダ】短縮指数 40.0

【芝】道悪指数 ?　　【ダ】道悪指数 44.3

★パフォーマンス指数★

牡馬／△　2歳／◎　初ダート26.7%

水上の眼

今やダートの大種牡馬、距離延長が勝負のサイン

　基本的に芝では全消し。期間内では3着1回があるだけで、延長も短縮もほぼ馬券になっていない。

　ダートは距離延長時のパフォーマンス指数が60近くに達する。期間内450走して単勝回収値128円、複勝回収値でも108円であり、よほどのことがない限り押さえておくほうがいい。

　短縮時はパフォーマンスがやや下がる。もちろんダメというわけではないが、前走からの延長時が一番、次いで同距離のときに勝負したい。

　道悪の芝は4走だけなので「?」とした。なお、もちろんすべて4着以下だ。

　ダートの道悪は意外とパフォーマンスが下がる。また2歳戦の成績は意外と高く、すべての率で3歳を上回る。

　初ダートはやや高めの複勝率26.7%だが、もっとあるのではないかという感覚をお持ちの方も多いと思う。ただ、シニスターミニスター産駒は最初からダートを使われることが多く、芝で下ろすケース自体が少ないのだ。【1-0-3-11】であり、1連対というあたりは、さすがプロが一度は芝向きと判断した馬という感もあるが、複勝率なら25%を超えているというあたりに、シニスターミニスターの本質があるのだ。

　なお、ダートのOP特別では【0-7-1-29】と極端な成績となっている。

現役時成績

サンデーサイレンス系・ハーツクライライン

● 2009 年生。通算 22 戦 6 勝。ＪＲＡ最優秀古馬牡馬。

天皇賞・秋、安田記念、ドバイＤＦ（芝1800 m）、中山記念、アーリントンＣ。

ジャパンＣ２着、毎日王冠２着他。

３歳春から４歳秋の天皇賞・秋制覇まで勝てなかったが、その後の躍進がめざましかった。

ドバイＤＦではレースレコードを２秒も更新し、日本競馬史上初の国際クラシフィケイション第１位獲得馬となった。

主な産駒

- ヴェロックス（皐月賞２着。ダービー３着、菊花賞３着）
- ダノンザキッド（ホープフルS、東京スポーツ杯2歳S。マイルCS2着、香港C2着）
- ガストリック（東京スポーツ杯2歳S）
- ロードマイウェイ（チャレンジC）
- アウィルアウェイ（シルクロードS。スプリンターズS3着）
- エーポス（フィリーズR）
- テオレーマ（JBCレディスクラシック）など

産駒【芝】コース・ベスト５（芝20走以上）

コース	1着	2着	3着	着外	勝率	連対率	複勝率	単回値	複回値
東京・芝1800	6	9	6	47	8.8%	22.1%	30.9%	60	76
札幌・芝1200	4	1	2	17	16.7%	20.8%	29.2%	68	48
札幌・芝2000	1	3	3	17	4.2%	16.7%	29.2%	14	114
阪神・芝1400	2	3	4	22	6.5%	16.1%	29.0%	54	112
函館・芝1200	5	2	3	25	14.3%	20.0%	28.6%	161	108

産駒【ダート】コース・ベスト５（ダ30走以上）

コース	1着	2着	3着	着外	勝率	連対率	複勝率	単回値	複回値
阪神・ダ2000	4	6	2	24	11.1%	27.8%	33.3%	215	128
函館・ダ1700	4	4	3	27	10.5%	21.1%	28.9%	99	66
中京・ダ1900	4	6	3	33	8.7%	21.7%	28.3%	45	66
中山・ダ1200	2	3	7	33	4.4%	11.1%	26.7%	9	83
東京・ダ1600	10	7	8	72	10.3%	17.5%	25.8%	76	63

【芝】延長指数 **30.0** 【芝】短縮指数 **38.0**

【ダ】延長指数 **62.0** 【ダ】短縮指数 **45.5**

【芝】道悪指数 **40.3** 【ダ】道悪指数 **50.7**

★パフォーマンス指数★

牝馬/△　2歳/○　初ダート14.6%

水上の眼

父ハーツクライとは別物のイメージ……ダートの距離延長で

　ハーツクライの代表産駒ではあるが、現役時からハーツとは適性や走りのタイプが違っており、自身の子供たちにもそれは伝わっている。これはジャスタウェイの母方の、強いダート要素が原因だろう。その分、スピード寄りになっている。

　芝では、産駒の本領は左ページのデータからもわかるように、自身のベスト距離でもあったマイルや1800 mにある。

　パフォーマンス指数を見ると、芝の距離延長、短縮ともにかなり下がる傾向にある。

　しかしダートでは、距離延長時に狙いやすい。パフォーマンス指数62の高さであり、マスターフェンサーやテオレーマなど、ダートで活躍した産駒にもいえることだ。

　ダートの短縮の場合は、勝率が同距離や延長時の半分程度に落ちており、連対率や複勝率はあまり変わらないものの、パフォーマンスはやや落ちると見ていい。

　芝の道悪はやや不得手気味だ。ダートの道悪は良馬場とそれほど変わらないパフォーマンスだが、重馬場では【14－8－3－115】で、勝ち切りが多くなる傾向がある。

　牝馬の産駒は、重賞勝ち馬も出てはいるのだが、総合的に見ると牡馬よりは層が薄く、芝・ダートともに複勝率で6から7ポイント、牡馬より下がっている。

現役時成績

ストームキャット系・ハーランライン
● 2010 年生。通算 8 戦 6 勝（米国）。
北米最優秀 2 歳牡馬。
ＢＣジュヴェナイル（ダ 1700 m）、シャ
ンペンＳ（ダ 1600 m）、ホープフルＳ
（ダ 1400 m）他。
距離は 1700 m までで、1800 m 以上に
なると苦戦していた。引退し、北米と
ブラジルでシャトル供用後、日本へ輸
出された。

主な産駒

・マリアズハート
・ルーカスミノル
・コパノハンプトンなど
★地方ではマンダリンヒーロー
（サンタアニタダービー2着）な
ど
★南米ではインフォーサー、コ
コナッツボビー、アエロトレム
など大レースの勝ち馬を輩出

産駒【芝】コース・ベスト５（芝３走以上）

コース	1着	2着	3着	着外	勝率	連対率	複勝率	単回値	複回値
新潟・芝1400	1	1	0	1	33.3%	66.7%	66.7%	210	100
新潟・芝1000	0	2	0	1	0.0%	66.7%	66.7%	0	83
阪神・芝1200	0	1	2	5	0.0%	12.5%	37.5%	0	135
福島・芝1200	1	0	2	6	11.1%	11.1%	33.3%	44	45
函館・芝1200	1	0	0	2	33.3%	33.3%	33.3%	56	40

産駒【ダート】コース・ベスト５（ダ10走以上）

コース	1着	2着	3着	着外	勝率	連対率	複勝率	単回値	複回値
阪神・ダ1200	3	4	3	9	15.8%	36.8%	52.6%	103	94
阪神・ダ1400	4	2	1	13	20.0%	30.0%	35.0%	98	56
中京・ダ1200	0	3	1	8	0.0%	25.0%	33.3%	0	53
中山・ダ1200	3	3	1	15	13.6%	27.3%	31.8%	58	53
中京・ダ1800	1	1	0	8	10.0%	20.0%	20.0%	88	49

【芝】延長指数 27.5　【芝】短縮指数 31.0

【ダ】延長指数 1.0　【ダ】短縮指数 78.0

【芝】道悪指数 88.3　【ダ】道悪指数 44.0

★パフォーマンス指数★

牝馬／○　2歳／◎　初ダート27.3％

水上の眼

ダートの牝馬は単勝ベタ買いの価値あり？単回値は大幅プラス

　左ページの好走コースを見てもわかるように、芝・ダートともに短距離指向がかなり強い。ただ、芝なら1600mや1800mあたりまでは何とか我慢できる。

　芝では、前走から距離を変えた場合は延長、短縮に関わらず成績が下がる。

　またダートの距離延長は著しくパフォーマンスが下がる。パフォーマンス指数はマイナスゾーンのため、「1」とした。勝率で8ポイント、複勝率では19ポイントも、前走同距離時より劣る。

　反対にダートの距離短縮は大きくパフォーマンスが上がる傾向にある。複勝率は34.1％に達する。

　芝の道悪はまだ出走数が少ないものの、【2－0－1－5】と好走率が高い。今後サンプルが増えると動くとは思うが、当面は得意と判断しておきたい。

　牝馬は芝とダートで成績が替わる。芝は勝率5.1％、複勝率22.0％に対し、ダートは勝率12.3％、複勝率35.6％とかなり高くなる。芝では並み、ダートでは◎といったところか。

　なお、牝馬のダートでの単勝回収値は185円ある。

　初ダートは27.3％の複勝率があり、これはダートの総合とほぼ同じなので押さえておきたい。

現役時成績

サンデーサイレンス系・マンハッタン
カフェライン

● 2006 年生。通算 23 戦 6 勝。
NHKマイルC、シルクロードS、ファ
ルコンS。
スワンS 2 着、3 着。ニュージーラン
ドT 3 着、京王杯スプリングC 3 着。
NHKマイルCでは 10 番人気の低評
価をハネ返したが、4 歳 2 月以降は勝
つことができなかった。

主な産駒

・ジョーストリクトリ（ニュージーランドT）
・ナムラリコリス（函館2歳S）
・シナモンスティック（キーンランドC2着）
・ジョーアラビカ
・マイネルバールマン
・キタノリューオー
・メタルスパークなど
★地方ではサイダイゲンカイなど

産駒【芝】コース・ベスト５（芝20走以上）

コース	1着	2着	3着	着外	勝率	連対率	複勝率	単回値	複回値
函館・芝1200	6	3	1	15	24.0%	36.0%	40.0%	140	80
札幌・芝1200	3	3	2	16	12.5%	25.0%	33.3%	227	135
福島・芝1200	2	1	6	36	4.4%	6.7%	20.0%	35	69
新潟・芝1000	1	2	0	27	3.0%	9.1%	18.2%	23	82
中山・芝1200	1	3	1	25	3.3%	13.3%	16.7%	90	46

産駒【ダート】コース・ベスト５（ダ20走以上）

コース	1着	2着	3着	着外	勝率	連対率	複勝率	単回値	複回値
中山・ダ1800	4	2	1	21	14.3%	21.4%	25.0%	506	116
中山・ダ1200	4	5	8	69	4.7%	10.5%	19.8%	25	54
東京・ダ1600	4	1	1	26	12.5%	15.6%	18.8%	118	44
東京・ダ1400	3	3	2	35	7.0%	14.0%	18.6%	21	53
新潟・ダ1200	1	1	3	33	2.6%	5.3%	13.2%	28	59

【芝】延長指数 1.0　　【芝】短縮指数 55.5

【ダ】延長指数 32.0　　【ダ】短縮指数 36.5

【芝】道悪指数 46.9　　【ダ】道悪指数 63.4

★パフォーマンス指数★

牝馬/△　2歳/◎　初ダート11.8%

水上の眼

道悪ダートならアタマからの狙いも立つ

　2023年夏は、シナモンスティックが北海道で活躍して評価が上がった。

　8番人気2着と好走したキーンランドCもそうだったが、芝の得意コースは、函館、札幌という洋芝の1200mが上位2つを占めていて、パワーに寄った短距離馬というイメージが湧く。直線競馬でも結果を出しているあたりにも、それがうかがえる。

　ダートでは意外と距離は持ち、1700m、1800mもこなしている。むしろ、1150m以下の短距離になると【0－1－3－40】とヒモにしか来ない。

　芝の距離延長時は苦手度合いが大きい。【1－3－5－101】であり、3着以内の回数0との区別で「1」とする。

　反対に短縮時は指数50を超え、複勝回収値は119円ある。

　ダートでの距離変更は、延ばしても縮めてもパフォーマンスが下がる傾向がある。

　ダートの道悪は得意とする傾向があり、【9－1－6－59】だ。

　意外と2歳時から走れていて、勝率、連対率は芝・ダートともに全年齢の中でベストとなる。

　初ダートは11.8%。【1－2－3－45】で、それほど期待は持てない。一度経験してからとなる。

現役時成績

サンデーサイレンス系・ディープインパクトライン

● 2013年生。通算5戦4勝。

福永祐一騎手（現・調教師）はデビュー前の調教で「ダービー馬」とまで評価したが、3歳1月に屈腱炎を発症し長期休養。

復帰して垂水S（現・3勝クラス）をコースレコードで快勝後、脚部不安で引退。未完の大器に終わった。

主な産駒

・セイウンハーデス（七夕賞。新潟大賞典2着）
・ウォーターナビレラ（ファンタジーS。桜花賞2着、阪神JF3着）
・エエヤン（ニュージーランドT）
・バトルボーン
・コムストックロード
・テーオーソラネル
・ショウナンバシット
・メタルスピードなど

産駒【芝】コース・ベスト5（芝20走以上）

コース	1着	2着	3着	着外	勝率	連対率	複勝率	単回値	複回値
中山・芝1600	9	3	6	26	20.5%	27.3%	40.9%	128	155
中京・芝2000	6	1	8	24	15.4%	17.9%	38.5%	225	133
阪神・芝2000	5	4	4	21	14.7%	26.5%	38.2%	36	91
小倉・芝2000	6	3	2	18	20.7%	31.0%	37.9%	122	97
阪神・芝1800外	4	2	3	20	13.8%	20.7%	31.0%	43	55

産駒【ダート】コース・ベスト5（ダ10走以上）

コース	1着	2着	3着	着外	勝率	連対率	複勝率	単回値	複回値
中京・ダ1200	1	1	2	6	10.0%	20.0%	40.0%	38	124
中京・ダ1800	0	4	1	12	0.0%	23.5%	29.4%	0	130
阪神・ダ1200	3	0	2	14	15.8%	15.8%	26.3%	78	58
中京・ダ1900	0	1	2	9	0.0%	8.3%	25.0%	0	178
東京・ダ1400	2	0	1	10	15.4%	15.4%	23.1%	123	64

【芝】延長指数 41.5　【芝】短縮指数 66.0

【ダ】延長指数 10.0　【ダ】短縮指数 10.5

【芝】道悪指数 51.0　【ダ】道悪指数 45.4

★パフォーマンス指数★

牝馬／△　2歳／○　初ダート12.5％

水上の眼

長距離は厳しい、芝の短縮でこそ

　芝でもダートでも、意外と長い距離になると成績が下がっていく傾向がある。

　芝の2400ｍ以上は【０－５－５－22】で、複勝率では悪くないのだが、この勝負弱さは目を惹くし、ダートの1900ｍ以上は、中京こそ複勝率は高いが、総合すると【０－１－２－19】でかなり低い。

　スピード指向は、芝の距離短縮時のパフォーマンスにも出ていて、ご覧の通り、指数は66とかなり高くなる。500ｍ以上短縮したときも【２－０－２－11】だ。

　ダートの距離延長時は【１－４－２－55】で、買いたくてもヒモまで。またダートの短縮時は、すべての率が前走と同距離の場合の半分程度であり。かなり見劣る。

　牝馬は特にダートで、複勝率が牡馬より10ポイントダウン。芝も５％下がる。

　初ダートは複勝率12.5％。あまりハマらないというか、そもそもシルバーステート産駒自体がダートでは大きな期待はできないし、慣れも必要となる。

　基本的には、芝の2000ｍ前後で勝負すべき種牡馬だ。

現役時成績

ロベルト系・シルヴァーホークライン
● 2004 年生。通算 23 戦 5 勝。2023 年
10 月、種牡馬を引退。
ジャパンC、アルゼンチン共和国杯。
天皇賞・秋 2 着、ラジオNIKKEI
賞 2 着。
3 歳夏以降は重賞上位止まりだったが、
長期休養後いきなりトップギアに入り、
頂点まで駆け上がった。その後は不振
も、天皇賞・秋 2 着で気を吐いた。

主な産駒

・モーリス（天皇賞・秋、安田記念、マイルCS、香港C、香港マイル他）
・ゴールドアクター（有馬記念、アルゼンチン共和国杯他）
・ウインマリリン（香港ヴァーズ、日経賞他。オークス2着他）
・ジェネラーレウーノ（セントライト記念、京成杯。皐月賞3着他）
・ウインカーネリアン（関屋記念、東京新聞杯他）など重賞勝ち馬多数

産駒【芝】コース・ベスト5（芝20走以上）

コース	1着	2着	3着	着外	勝率	連対率	複勝率	単回値	複回値
新潟・芝1600外	4	7	4	14	13.8%	37.9%	51.7%	50	123
福島・芝1800	2	8	4	17	6.5%	32.3%	45.2%	23	197
函館・芝1800	1	5	3	11	5.0%	30.0%	45.0%	23	73
東京・芝2000	6	3	4	22	17.1%	25.7%	37.1%	248	188
東京・芝1600	8	13	13	58	8.7%	22.8%	37.0%	49	151

産駒【ダート】コース・ベスト5（ダ25走以上）

コース	1着	2着	3着	着外	勝率	連対率	複勝率	単回値	複回値
新潟・ダ1800	6	8	9	31	11.1%	25.9%	42.6%	53	103
福島・ダ1700	3	3	3	18	11.1%	22.2%	33.3%	40	167
阪神・ダ1400	2	4	10	33	4.1%	12.2%	32.7%	16	75
中京・ダ1400	3	6	5	29	7.0%	20.9%	32.6%	26	98
中山・ダ1800	13	10	14	80	11.1%	19.7%	31.6%	76	68

【芝】延長指数 **31.0**　【芝】短縮指数 **41.5**

【ダ】延長指数 **49.5**　【ダ】短縮指数 **30.0**

【芝】道悪指数 **54.1**　【ダ】道悪指数 **49.8**

★パフォーマンス指数★

牝馬/○　2歳/△　初ダート21.7%

水上の眼

種牡馬引退、限られた産駒で狙い目は……

　種牡馬としては高齢の部類に入ってきて今後どうかと思っていた矢先、2023年10月に引退を発表した。

　牡馬産駒の成功例は少ないものの、唯一にして至極のモーリスのおかげで一時は700万円の交配料を記録していたのだが……。

　そのモーリスが後継種牡馬としても君臨するようになり、今後はウインマリリンやボルドグフーシュのように、限られた産駒の中から単発でどれだけ一流馬を出せるかが興味深い。

　芝での得意コースは、左ページのデータを見ても統一性が見えてこない。唯一いえるのは、短距離向きではないということくらいか。

　ダートはさらに距離に偏りがない。だから当然ながら芝もダートも、距離を変更させてきても、あまり期待できない傾向がある。

　牝馬でも好走率はそう下がらないのだが、出世という点で見ると、期間内に4勝以上を挙げた馬は牡馬8頭。牝馬4頭であり、牡馬のほうが上級へ上がれる可能性が高い。

　2歳戦では活力が下がってきていて、2歳から5歳までの年齢別で見ると、芝は率がワーストとなる。

　初ダートでは、自身のダート総合より複勝率が5ポイント程度下がるが、【10－4－11－90】と勝ち切りも多く、単勝回収率は96円と、100にあと少しまで来ている。一応、買っておきたいところだ。

種牡馬 38 ストロングリターン

現役時成績

ロベルト系・クリスエスライン

● 2006 年生。通算 27 戦 7 勝。
安田記念、京王杯スプリングＣ。
安田記念 2 着。
安田記念制覇は前年 2 着の雪辱でコースレコード。7 歳で種牡馬入り。
典型的な晩成型のマイラーだった。

主な産駒

・プリンスリターン（シンザン記念2着）
・ツヅミモン（シンザン記念2着）
・キーフラッシュ
・シャドウセッション
・ロードオブザチェコ
・ロードレイライン
・エクセルリターンなど
★地方ではフレアリングダイヤなど

産駒【芝】コース・ベスト 5（芝15走以上）

コース	1着	2着	3着	着外	勝率	連対率	複勝率	単回値	複回値
東京・芝1400	1	5	1	30	2.7%	16.2%	18.9%	9	56
東京・芝1600	1	1	2	22	3.8%	7.7%	15.4%	20	54
小倉・芝1200	0	2	3	34	0.0%	5.1%	12.8%	0	45
小倉・芝1800	1	1	0	15	5.9%	11.8%	11.8%	25	18
阪神・芝1600外	0	0	2	20	0.0%	0.0%	9.1%	0	26

産駒【ダート】コース・ベスト 5（ダ25走以上）

コース	1着	2着	3着	着外	勝率	連対率	複勝率	単回値	複回値
福島・ダ1150	2	3	3	20	7.1%	17.9%	28.6%	26	124
新潟・ダ1200	7	9	3	55	9.5%	21.6%	25.7%	57	55
東京・ダ1600	6	6	5	57	8.1%	16.2%	23.0%	23	87
中山・ダ1800	2	3	8	45	3.4%	8.6%	22.4%	21	65
中京・ダ1200	4	2	3	35	9.1%	13.6%	20.5%	50	87

【芝】延長指数 14.0 　【芝】短縮指数 9.5

【ダ】延長指数 36.5 　【ダ】短縮指数 55.5

【芝】道悪指数 42.9 　【ダ】道悪指数 57.6

★パフォーマンス指数★

牝馬/○　2歳/△　初ダート15.4%

水上の眼

産駒は芝よりダート、そして短縮と道悪で狙いたい

シンボリクリスエスの後継としては、エピファネイアという大物種牡馬が登場したこともあるうえ、自身の現役時とは違って産駒がダート色を強めていることもあり、地味な存在となっている。

半妹には桜花賞2着のレッドオーヴァルがいる牝系だが、産駒には母の父スマートストライクの血が隔世で強く出てしまっているのかもしれない。左ページの成績を見ても、ダートのほうがはるかに高いし、基本的には短距離指向が強いこともハッキリしている。

芝の場合、ある程度まとまった出走数がありながら、前走と距離が変わったときにここまで走らない種牡馬も珍しい。よほど買いたいときにヒモ程度で十分だろう。

芝延長時【1－3－5－113】、短縮時は【1－3－1－66】だ。短縮のほうはパフォーマンス指数が一ケタとなる。

ダートでは、距離短縮時がこの種牡馬としては狙いとなる。指数は50を少し超える。またダートの道悪でも、ご覧のようにパフォーマンスを上げている。

2歳戦はほとんど期待できず勝率2％、連対率でも7.7％しかない。ただ芝では複勝率が13％あって、ここが数少ない芝での買えるポイントとなる。

初ダートの複勝率は、総合のダート複勝率とほぼ同じだ。

種牡馬
39 スマートファルコン

現役時成績

サンデーサイレンス系・ゴールドア
リュールライン

● 2005 年生。34 戦 23 勝。

ＪＢＣクラシック２回、帝王賞、東京
大賞典２回、川崎記念、浦和記念２回、
ダイオライト記念他。

ジャパンダートダービー２着、ＪＢＣ
スプリント２着他。

５歳秋のＪＢＣクラシックでＧＩ初制
覇を果たすと、２年半の間に地方交流
重賞 19 勝という圧倒的な戦績を示し
た。ＪＲＡのダート重賞には出走せず、
交流戦専門で稼ぎまくった。

主な産駒

・オーヴェルニュ（東海Ｓ、平
安Ｓ）
・シャマル（東京スプリント、
サマーチャンピオン、黒船賞
他）
・チェリーブリーズ
・アキノスマート
・マンノグランプリ（障害）な
ど
★地方ではティーズダンク、ブ
ロンディーヴァなど

産駒【芝】コース・ベスト５（芝２走以上）※馬券対象は3コースのみ

コース	1着	2着	3着	着外	勝率	連対率	複勝率	単回値	複回値
函館・芝1200	1	0	0	5	16.7%	16.7%	16.7%	280	91
福島・芝1200	0	0	2	10	0.0%	0.0%	16.7%	0	70
小倉・芝1200	0	0	0	16	0.0%	0.0%	5.9%	0	23
新潟・芝1000	0	0	0	14	0.0%	0.0%	0.0%	0	0
小倉・芝2000	0	0	0	2	0.0%	0.0%	0.0%	0	0

産駒【ダート】コース・ベスト５（ダ20走以上）

コース	1着	2着	3着	着外	勝率	連対率	複勝率	単回値	複回値
阪神・ダ1200	6	3	3	35	12.8%	19.1%	25.5%	191	79
新潟・ダ1200	5	2	0	21	17.9%	25.0%	25.0%	169	57
函館・ダ1700	1	2	3	18	4.2%	12.5%	25.0%	12	40
福島・ダ1700	5	1	2	26	14.7%	17.6%	23.5%	143	76
小倉・ダ1700	4	4	4	41	7.5%	15.1%	22.6%	115	132

【芝】延長指数	0	【芝】短縮指数	0
【ダ】延長指数	32.0	【ダ】短縮指数	41.5
【芝】道悪指数	？	【ダ】道悪指数	65.3

★パフォーマンス指数★

牝馬/△　2歳/△　初ダート8.3%

水上の眼

芝は望みなし、ダートは今後の産駒を要観察

　半兄にワールドクリーク、甥にリッカルドがいる。種牡馬としては2、3年前からダートで少しずつ成績を挙げてきたが、ヘニーヒューズを始めとするストームキャット系に押されて、今は急激に成績が下がっている印象。仕上がりの遅さが痛い。

　ただ、2021年は種付け頭数が前年の倍近くに増えており、22年もその数を維持。よって24年、25年あたりが正念場となろう。

　芝ではほぼ即消しでいい。前走と同距離のみ【1－0－3－34】だが、距離変更時に馬券になったことが期間内ではゼロだ。

　ダートの距離変更時でも、指数は50をかなり下回ってしまう。馬券で勝負するなら前走と同距離ということになる。

　道悪の芝は【0－0－0－6】でサンプルが少なく判定不能。反対にダートではかなり高くなる。

　2歳戦はダートでも【1－7－1－54】だ。勝ち切れなさがハッキリする。

　意外なのは初ダートでも走れないことで、ご覧のように複勝率8.3%、【0－0－1－11】と冴えない。なお、該当した12頭のうち、その後JRAのダートで勝ち上がれた馬は1頭だけだ（地方転出後なら他にもある）。

　つまり、同産駒でありながらパワーに欠けると判断されての芝デビューだから、走りどころが見当たらないということだろう。

現役時成績

ノーザンダンサー系・トライマイベストライン

● 2005年生。通算9戦4勝（英国）。ミドルパークS（芝1200m）、ミルリーフS（芝1200m）。

2歳のうちに9走、そのまま現役生活をリタイアしたが、種牡馬としては欧州で大成功を収めている。

主な産駒

・マッドクール（スプリンターズS2着）
・シュバルツカイザー
・ジュノーなど
★欧州ではリーサルフォース（ジュライC他）、メッカズエンジェル（ナンソープS）、ハリーエンジェル（ジュライC、欧州最優秀短距離馬）、マングスティン（仏1000ギニー）、バターシュ（アベイユドロンシャン賞）などGⅠ馬多数

産駒【芝】コース・ベスト5（芝8走以上）

コース	1着	2着	3着	着外	勝率	連対率	複勝率	単回値	複回値
福島・芝1200	2	3	1	2	25.0%	62.5%	75.0%	105	138
札幌・芝1200	1	3	3	4	9.1%	36.4%	63.6%	50	181
小倉・芝1200	4	2	2	9	23.5%	35.3%	47.1%	112	153
函館・芝1200	3	0	2	6	27.3%	27.3%	45.5%	119	120
中京・芝1400	1	1	1	5	12.5%	25.0%	37.5%	42	111

産駒【ダート】コース・ベスト5（ダ走以上）※馬券対象は3コースのみ

コース	1着	2着	3着	着外	勝率	連対率	複勝率	単回値	複回値
阪神・ダ1400	0	0	1	1	0.0%	0.0%	50.0%	0	75
札幌・ダ1700	1	0	0	2	33.3%	33.3%	33.3%	206	106
東京・ダ1400	1	0	0	3	25.0%	25.0%	25.0%	175	55
中山・ダ1200	0	0	0	3	0.0%	0.0%	0.0%	0	0
中京・ダ1400	0	0	0	3	0.0%	0.0%	0.0%	0	0

【芝】延長指数 6.0　　【芝】短縮指数 12.5

【ダ】延長指数 ?　　【ダ】短縮指数 ?

【芝】道悪指数 62.8　【ダ】道悪指数 ——

★パフォーマンス指数★

牝馬/△　2歳/○　初ダート20.0%

水上の眼

短距離でマッドクールが活躍、芝の距離変更なしがベスト

サトノクラウン、メイショウドトウらと同じトライマイベストの系統で、ノーザンダンサー系の傍流。日本適性が証明済みなので、外国供用のわりには多くの産駒が入ってきている。ただ、短距離適性が際立っている。

だから芝で距離延長した場合は割り引きで、マイルになるとかなり厳しい。

面白いのは、逆に短距離でも短縮では苦戦ということ。

とにかく前走と同距離が連対率31%、複勝率46.5%で買うならここに限る。【15－7－11－38】であり、これだけ出走がありながら回収値は単複ともに120円を超えるのだ。

ダートはサンプルが少ないので判定不能としたが、馬券圏に入ったのは、期間内ではすべて未勝利戦で、このクラスでは【2－0－1－9】だ。

芝の道悪は得意で【1－1－3－5】だ。ただ、稍重のほうが【5－1－2－26】で勝ち切りは増える。

2歳戦も【2－1－2－8】でよく走る。

性別で見ると、牝馬の複勝率も38.5%で悪くないのだが、牡馬【15－2－6－36】、牝馬【8－9－10－50】という勝利数での圧倒により、牝馬は△とした。

初ダートは複勝率20%と意外と走れるが、その後芝に戻した馬からマッドクール、シュバルツカイザー、ジュノーなどが上級に上がっていて、やはり芝血統なのだ。

種牡馬 41 タートルボウル

現役時成績

ノーザンダンサー系・ナイトシフトライン

● 2002 年生。通算 21 戦 7 勝（仏国、英国）。2017 年死亡。

ジャンプラ賞（芝 1600 m）他。

イスパーン賞（芝 1850 m）2 着。ジャックルマロワ賞（芝 1600 m）3 着、クイーンアン S（芝 1600 m）3 着。

欧州で供用後、社台グループが購入。

主な産駒

・トリオンフ（中山金杯、小倉記念他）
・タイセイビジョン（京王杯2歳S、アーリントンC）
・ヴェントヴォーチェ（キーンランドC、オーシャンS）
・ベレヌス（中京記念）
・アンデスクイーン（エンプレス杯）など
★海外ではフレンチフィフティーン（クリテリウム国際）、ルカヤン（仏 2000 ギニー）など

産駒【芝】コース・ベスト 5（芝 8 走以上）

コース	1着	2着	3着	着外	勝率	連対率	複勝率	単回値	複回値
札幌・芝1800	1	4	0	3	12.5%	62.5%	62.5%	38	123
小倉・芝1200	1	2	1	4	12.5%	37.5%	50.0%	91	105
小倉・芝2000	2	1	2	6	18.2%	27.3%	45.5%	163	194
小倉・芝1800	1	0	3	5	11.1%	11.1%	44.4%	128	146
中山・芝2000	4	1	0	7	33.3%	41.7%	41.7%	137	76

産駒【ダート】コース・ベスト 5（ダ 10 走以上）

コース	1着	2着	3着	着外	勝率	連対率	複勝率	単回値	複回値
京都・ダ1800	4	3	3	4	28.6%	50.0%	71.4%	125	414
函館・ダ1700	1	4	4	13	4.5%	22.7%	40.9%	15	97
小倉・ダ1700	4	7	4	30	8.9%	24.4%	33.3%	64	163
阪神・ダ1800	3	7	3	28	7.3%	24.4%	31.7%	34	110
中京・ダ1800	6	2	2	36	13.0%	17.4%	21.7%	149	55

【芝】延長指数 79.0 【芝】短縮指数 3.5

【ダ】延長指数 29.0 【ダ】短縮指数 19.0

【芝】道悪指数 21.4 【ダ】道悪指数 44.2

★パフォーマンス指数★

牡馬/△　2歳/なし　初ダート14.8%

水上の眼

芝の得意コースで距離延長ならば

残る個体数は少なくなってきているが、晩成型の血統なので、今走っている産駒はしばらく能力を維持しそうだ。ただ典型的なB級種牡馬で、GⅡ以上では13走してすべて4着以下だ。

左ページのデータを見ると、芝では小倉1200m以外はコーナー4つのコースが得意、ダートは中距離に集中している。

そして芝もダートも、どちらかというと直線に急坂のないコースのほうが信頼できることがわかる。そして時計のかかるケースのほうが合っている。

芝では圧倒的に距離延長時が狙いだ。パフォーマンス指数は79と高い。【10−4−5−52】で、短縮時の【2−2−3−52】の比較からも明白だ。

ダートは、前走と同距離のほうが信頼できる。延長の場合は複勝率で8ポイント、短縮の場合は10ポイント下がる。

現役時は欧州で活躍しただけに、芝の道悪は合いそうに思えるが指数はかなり低い。ただし稍重では【5−1−2−26】と狙える成績だ。時計がかかったほうがいいのは確かなのだが、かかり過ぎるとダメということだろう。

牝馬は、牡馬に比べ勝率は約3ポイント、連対率は4ポイント下がる。代表産駒を見ても、牡馬がベターといっていい。

種牡馬 42 ダイワメジャー

現役時成績

サンデーサイレンス系・サンデーサイレンスライン

● 2001年生。通算28戦9勝。

皐月賞、天皇賞・秋、安田記念、マイルCS2回、毎日王冠、マイラーズC、ダービー卿CT。

マイルCS2着。中山記念2着。有馬記念3着2回。ドバイDF3着他。

皐月賞は10番人気で優勝。ダービー6着後に休養、秋にノド鳴りの手術をしてから復活。6歳一杯まで走った。同世代にキングカメハメハ、ハーツクライ、コスモバルクなど。

主な産駒

・アドマイヤマーズ（NHKマイルC、朝日杯FS、香港マイル他）
・コパノリチャード（高松宮記念、スワンS他）
・メジャーエンブレム（NHKマイルC、阪神JF、クイーンC）
・カレンブラックヒル（NHKマイルC、毎日王冠他）
・レーヌミノル（桜花賞）
・レシステンシア（阪神JF）
・セリフォス（マイルCS。安田記念2着、朝日杯FS2着他）
など重賞勝ち馬多数。

産駒【芝】コース・ベスト5（芝50走以上）

コース	1着	2着	3着	着外	勝率	連対率	複勝率	単回値	複回値
新潟・芝1400	6	4	7	38	10.9%	18.2%	30.9%	79	101
中山・芝1600	12	11	16	91	9.2%	17.7%	30.0%	74	87
新潟・芝1000	5	5	7	40	8.8%	17.5%	29.8%	45	85
中京・芝1600	8	6	9	57	10.0%	17.5%	28.8%	58	64
小倉・芝1200	23	17	17	146	11.3%	19.7%	28.1%	151	103

産駒【ダート】コース・ベスト5（ダ70走以上）

コース	1着	2着	3着	着外	勝率	連対率	複勝率	単回値	複回値
阪神・ダ1400	11	13	7	102	8.3%	18.0%	23.3%	73	130
小倉・ダ1700	3	10	3	60	3.9%	17.1%	21.1%	34	54
中京・ダ1400	11	4	3	69	12.6%	17.2%	20.7%	82	49
中京・ダ1800	6	5	6	67	7.1%	13.1%	20.2%	80	65
阪神・ダ1200	8	8	6	88	7.3%	14.5%	20.0%	65	67

【芝】延長指数 **19.0** 【芝】短縮指数 **45.0**

【ダ】延長指数 **22.5** 【ダ】短縮指数 **33.0**

【芝】道悪指数 **49.0** 【ダ】道悪指数 **45.9**

★パフォーマンス指数★

牝馬／○　2歳／◎　初ダート18.0％

水上の眼

2歳の芝戦では牝馬が牡馬を圧倒！

　すでに種牡馬としては晩年の域に入っていて、以前ほどの種付け数はこなせなくなっているが、今でもまだ影響力は大きい。

　ただ、総合的に近年はそれほどパフォーマンスが上がらなくなってきたことが指数からもわかる。

　芝の距離延長時は、ご覧のようにあまり期待できない。また、ダートの延長時の指数も低いが、単勝回収値は101円あり、人気薄には警戒が必要である。

　芝の道悪の得意ぶりは昔から知られているが、期間内では重馬場と不良馬場の差が顕著。重馬場は勝率10.6％、複勝率27.5％で良馬場より高いのだが、不良馬場だと【1－2－3－42】で勝率2.1％、複勝率12.5％と急落する。

　2歳戦、それも牝馬の成績のよさにも定評があるが、これは今も継続している。特に芝では牡馬の勝率9％、複勝率25.1％に対し、牝馬は勝率14.1％、複勝率33.2％あって、単勝回収値は154円、複勝回収値でも123円もある。

　一方、2歳のダートとなると、牝馬でも苦戦していて【1－4－2－41】だ。

　初ダート時は、ダートの総合の複勝率とさほど変わらない。しかし、さすがに3勝クラス以上での初ダートとなると、15走してすべて4着以下だ。

ダノンシャンティ

現役時成績

サンデーサイレンス系・フジキセキライン

● 2007年生。通算8戦3勝。2020年種牡馬引退。

NHKマイルC、毎日杯。

共同通信杯2着。

NHKマイルCをJRAレコードで完勝し、ダービーへ駒を進めたが、追い切り後に骨折。年末に有馬記念で復帰するも大敗、その後2走して脚部不安を発症し引退。

主な産駒

・スマートオーディン（京都新聞杯、毎日杯、阪急杯、東京スポーツ杯2歳S）
・サイタスリーレッド（テレ玉杯オーバルS1着。カペラS2着他）
・ガンサリュート（京成杯2着）
・ジャコマルなど

産駒【芝】コース・ベスト5（芝10走以上）

コース	1着	2着	3着	着外	勝率	連対率	複勝率	単回値	複回値
小倉・芝2000	3	2	1	11	17.6%	29.4%	35.3%	249	139
中山・芝1200	1	3	2	11	5.9%	23.5%	35.3%	153	264
東京・芝1600	2	4	2	16	8.3%	25.0%	33.3%	1235	247
新潟・芝1400	2	0	1	7	20.0%	20.0%	30.0%	121	81
函館・芝1200	2	2	1	14	10.5%	21.1%	26.3%	62	57

産駒【ダート】コース・ベスト5（ダ10走以上）

コース	1着	2着	3着	着外	勝率	連対率	複勝率	単回値	複回値
阪神・ダ1200	3	2	2	22	10.3%	17.2%	24.1%	164	131
中京・ダ1200	1	0	1	8	10.0%	10.0%	20.0%	45	34
中山・ダ1200	1	5	5	45	1.8%	10.7%	19.6%	3	51
中山・ダ1800	0	1	2	13	0.0%	6.3%	18.8%	0	456
小倉・ダ1000	1	0	1	12	7.1%	7.1%	14.3%	62	58

【芝】延長指数 **18.0** 　【芝】短縮指数 **58.0**

【ダ】延長指数 **1.0** 　　【ダ】短縮指数 **15.0**

【芝】道悪指数 **43.9** 　【ダ】道悪指数 **39.1**

★パフォーマンス指数★

牡馬/△　2歳/○　初ダート9.1%

水上の眼

ここだけ覚えておこう！芝の距離短縮で穴馬激走

　現2歳世代がラストクロップとなる。フジキセキのラインの中では、最も現役時のスケールや瞬発力があった馬と個人的には思っているが、残念ながら種牡馬としては大成せずに終わりそうだ。

　芝でパフォーマンスが上がるのは、距離短縮時だ。指数は58まで上がる。【6－4－8－62】で勝率7.5％は同距離時の1.5倍ある。単勝回収値400円、複勝回収値117円だから、人気薄が激走していることになる。

　芝もそうだが、ダートでの距離延長時はさらに悪く、実質の指数はマイナスゾーンに入る。

　ダートの短縮は芝と違って振るわないのだが、そもそもダノンシャンティ産駒のダートの総合勝率が2.5％、連対率5.9％、複勝率も12.2％しかない。

　道悪は芝・ダートともにあまりよくない。特にダートの重・不良は【0－4－3－62】と1着がない。

　牝馬は牡馬より成績は劣る。

　2歳戦はそこそこ走るが、ダートは【0－0－1－32】で即消しのレベルとなる。

　初ダートの複勝率は9.1％で、【0－1－2－30】だ。ダートの総合成績自体が悪いのだから当然の数字なのだが、それよりもさらに下がっている。

現役時成績

サンデーサイレンス系・ディープインパクトライン

● 2008 年生。通算 26 戦 5 勝。

アメリカJCC、ラジオNIKKEI杯2歳S。

宝塚記念2着、日経新春杯2着。皐月賞3着。

小回りの急坂コースを得意とした。ラジオNIKKEI杯2歳Sでの勝利は、ディープインパクト産駒の重賞初勝利だった。

日本→イタリア→イギリスと供用された後、2023年現在は日本に戻っている。

主な産駒

・ロードブレス（日本テレビ杯）
・キタウイング（フェアリーS、新潟2歳S）
・ナイママ（札幌2歳S2着）
・モンブランテソーロなど
★地方ではダノンレジーナが重賞制覇（東京シンデレラマイル他）

産駒【芝】コース・ベスト5（芝10走以上）

コース	1着	2着	3着	着外	勝率	連対率	複勝率	単回値	複回値
小倉・芝1800	0	3	1	6	0.0%	30.0%	40.0%	0	86
函館・芝1800	1	2	1	9	7.7%	23.1%	30.8%	33	70
函館・芝1200	0	2	2	10	0.0%	14.3%	28.6%	0	58
福島・芝1800	4	0	2	16	18.2%	18.2%	27.3%	426	103
阪神・芝1800外	0	2	1	8	0.0%	18.2%	27.3%	0	184

産駒【ダート】コース・ベスト5（ダ5走以上）

コース	1着	2着	3着	着外	勝率	連対率	複勝率	単回値	複回値
中京・ダ1800	2	0	2	3	28.6%	28.6%	57.1%	121	135
阪神・ダ1800	1	3	1	5	10.0%	40.0%	50.0%	40	217
新潟・ダ1800	1	1	1	3	16.7%	33.3%	50.0%	70	101
東京・ダ2100	0	0	2	4	0.0%	0.0%	33.3%	0	198
小倉・ダ1700	0	2	1	7	0.0%	20.0%	30.0%	0	122

【芝】延長指数 **42.0**　【芝】短縮指数 **74.5**

【ダ】延長指数 **31.0**　【ダ】短縮指数 **38.0**

【芝】道悪指数 **50.5**　【ダ】道悪指数 **50.8**

★パフォーマンス指数★

牝馬／○　2歳／○　初ダート16.0％

水上の眼

株が急上昇中のクセ者種牡馬、一番の稼ぎどころは……

　ここ１、２年で種牡馬としての株が上がりつつある。海外へ転出していたブランクがなければ、もっと活躍馬が出ていた可能性は大きい。

　ディープインパクトの初年度産駒にあたるが、父とは違って自身の長所だったパワーや持続力、小回り適性をそのまま子供たちに伝えているし、仕上がりも早い。

　特にローカル開催では、場を問わず活躍が目立っているし、2023年の夏もよく穴をあけている。

　目を見張るのは、芝の距離短縮時だ。パフォーマンス指数は74.5と相当高く、変わる可能性が大きい。勝率は９％あるのだが、これは同距離時の３倍に達する。

　一方、ダートでの距離変更は、マイナス要素のひとつとなりそうな低さだ。

　道悪は芝・ダートともにマイナスにはならないし、大きな加点もしづらい。能力通りに走れると見る。

　産駒成績に性差はないが、ダートでは牡馬が【９－３－８－48】で勝率13.2％に対し、牝馬は【２－６－５－48】で勝率は3.3％とかなり違う。複勝率でも約８ポイント下がる。

　なお初ダートの複勝率は悪いとまではいえないが、変わり身はそれほど期待できない。

ダノンレジェンド

現役時成績

ヒムヤー系・グレードアバヴライン
● 2010 年生。通算 30 戦 14 勝。
カペラＳ、ＪＢＣスプリント、東京盃、
黒船賞２回、クラスターＣ２回、北海
道スプリントＣ他。
ＪＢＣスプリント２着。

産駒【芝】コース・ベスト５（芝10走以上）

コース	1着	2着	3着	着外	勝率	連対率	複勝率	単回値	複回値
福島・芝1200	2	1	1	12	12.5%	18.8%	25.0%	246	148
新潟・芝1000	1	3	2	18	4.2%	16.7%	25.0%	11	77
函館・芝1200	1	0	1	12	7.1%	7.1%	14.3%	17	42
小倉・芝1200	0	1	4	39	0.0%	2.3%	11.4%	0	230
東京・芝1400	1	1	0	18	5.0%	10.0%	10.0%	13	86

産駒【ダート】コース・ベスト５（ダ20走以上）

コース	1着	2着	3着	着外	勝率	連対率	複勝率	単回値	複回値
阪神・ダ1800	9	5	7	13	26.5%	41.2%	61.8%	256	167
東京・ダ1400	4	4	9	34	7.8%	15.7%	33.3%	53	233
中山・ダ1200	9	4	8	44	13.8%	20.0%	32.3%	208	114
中山・ダ1800	2	5	0	16	8.7%	30.4%	30.4%	33	83
福島・ダ1700	3	1	1	16	14.3%	19.0%	23.8%	110	65

【芝】延長指数 37.5	【芝】短縮指数 50.5
【ダ】延長指数 16.0	【ダ】短縮指数 32.5
【芝】道悪指数 0	【ダ】道悪指数 44.6

★パフォーマンス指数★

牝馬/〇　2歳/◎　初ダート20.6％

水上の眼

2歳戦は芝・ダートともにボーナスステージ

　現役種牡馬屈指のマイナー父系に属するが、種牡馬としては健闘している。現役時のイメージよりも芝もこなしているし、ダートで距離が延びてもなんとかしている。

　芝では距離延長のほうがいくらか走るのだが、ただ【0－1－4－38】で連対はあまり望めない。

　ダートでの距離延長は振るわない。かといって、短縮でも大きく上がってはいないのだが、ただ【13－8－7－88】で単勝回収値128円、複勝回収値も109円あるのだ。

　つまり前走と同距離が一番成績を上げていて、それと比べると劣るものの、人気薄の好走はダートの短縮時に頻繁に見られるということになる。

　道悪の芝は【0－0－0－25】と壊滅。ダートの道悪もプラスにはならない。

　注意したいのは2歳戦だ。そもそもダノンレジェンド産駒の芝成績は、すべての勝ち鞍を2歳戦で挙げていて【6－3－4－76】なのだ。3歳以上となると【0－4－8－123】で、大半の芝の勝ち上がり馬がその後、芝で勝てないことになる。

　もちろん、ダートの2歳戦はなおよくて【15－10－9－80】で単勝回収値178円だ。

　初ダート時は回収値に注目で、単勝が263円、複勝が139円ある。

　ただし、初ダートが中山1200mだった場合は【0－0－0－6】。狙うなら1600m以上での初ダートで【4－0－0－5】だ。

種牡馬 46 タリスマニック

現役時成績

サドラーズウェルズ系・エルプラドライン

● 2013 年生。通算 23 戦 8 勝（米国、仏国、香港他）。

ＢＣターフ（芝 2400 m）。モーリスドニュイユ賞（芝 2800 m）。ゴントートロビン賞（芝 2000 m）。

香港ヴァーズ（芝 2400 m）2 着。

芝中長距離で淡々と走り続けた。日本で種牡馬入り。

主な産駒

・サウザンサニー（ファルコンS3着）
・エテルネル
・ハブルなど
★地方ではナンセイホワイト（東京ダービー3着）、イリュージョン、ナガタエースなど。タリスマニック自身はダートではまったく走れなかったが、産駒はダートに特化しているといっていい

産駒【芝】コース・ベスト5（芝3走以上）

コース	1着	2着	3着	着外	勝率	連対率	複勝率	単回値	複回値
札幌・芝1200	1	1	1	0	33.3%	66.7%	100.0%	170	126
阪神・芝1600外	0	0	2	1	0.0%	0.0%	66.7%	0	156
小倉・芝1200	0	0	2	5	0.0%	14.3%	28.6%	0	195
札幌・芝1500	0	0	1	5	0.0%	0.0%	16.7%	0	120
福島・芝1200	0	1	0	6	0.0%	14.3%	14.3%	0	30

産駒【ダート】コース・ベスト5（ダ10走以上）

コース	1着	2着	3着	着外	勝率	連対率	複勝率	単回値	複回値
阪神・ダ1800	2	3	1	16	9.1%	22.7%	27.3%	151	93
函館・ダ1700	0	2	1	8	0.0%	18.2%	27.3%	0	42
中京・ダ1800	1	2	1	12	6.3%	18.8%	25.0%	253	98
東京・ダ1600	1	1	1	11	7.1%	14.3%	21.4%	47	82
小倉・ダ1700	1	0	1	8	10.0%	10.0%	20.0%	35	49

【芝】延長指数 **47.5** 【芝】短縮指数 **155.5**

【ダ】延長指数 **28.5** 【ダ】短縮指数 **104.5**

【芝】道悪指数 **53.1** 【ダ】道悪指数 **81.8**

★パフォーマンス指数★

牝馬/◎　2歳/○　初ダート28.0%

水上の眼

マイナーであっても、ツッコミどころ満載！

　パフォーマンス指数を見てもおわかりのように、今のところB級とはいえ、かなりクセの強い種牡馬だ。

　ダートに特化していることは間違いないが、芝でもサウザンサニーのGⅢ3着がある。上級に行く産駒は少ないものの、まったく走れないわけではない。また、クラスの偏りも少ない。

　反対に本領のダートは1勝クラス（年齢不問）で【0－0－0－25】とまったくダメ。成績の大半は未勝利戦で収めている。

　そして最大のポイントは、芝でもダートでも距離短縮時に変わる可能性が高いということ。芝でパフォーマンス指数は155.5、ダートでも104.5ある。特にダートでは単勝回収値147円、複勝回収値116円となかなかの数字だ。

　道悪は芝・ダートともによく、特にダートは良馬場の複勝率19.2%に対し道悪は31.4%と大きく上がる。

　そしてこれも珍しいのだが、牝馬はダートでの成績がよく、牡馬と比較すると差が明確に出る。牡馬は勝率5.6%、連対率9.5%、複勝率14.3%に対し、牝馬はそれぞれ7.8%。27.5%、35.3%と顕著で【4－10－4－33】だ。

　初ダートも率が高く、複勝回収値115円をマーク。【2－4－1－18】となっている。なお3着以内は、すべて初ダートが1600m以上だったケースだ。

現役時成績

ミスタープロスペクター系・ファピア
ノライン

● 2006 年生。通算 5 戦 2 勝（米国）。
重賞勝ちなし。

ベルモント S（ダ 2400 m）2 着、フ
ロリダダービー（ダ 1800 m）2 着。
3 歳一杯で引退し種牡馬入り。2015
年輸入。母シークレットステータスが
北米の 3 歳牝馬の頂点に立った馬で、
血統から期待を集めて種牡馬入り。

主な産駒

・メイショウテンスイ（兵庫ジュ
ニアGP2着、サマーチャンピ
オン2着）
・トウセツ
・マイネルアルケミー
・シークレットラン
・ロッキーサンダー
・アイスジャイアント（JBC2
歳優駿）
・フォンタネットボーなど
★海外ではハヴァナ（シャンペ
ンS）、ルワトン（チリ2000ギ
ニー）など

産駒【芝】コース・ベスト 5（芝 5 走以上）

コース	1着	2着	3着	着外	勝率	連対率	複勝率	単回値	複回値
京都・芝2400外	3	0	0	2	60.0%	60.0%	60.0%	168	74
阪神・芝2400外	0	2	0	3	0.0%	40.0%	40.0%	0	56
函館・芝1200	1	1	1	11	7.1%	14.3%	21.4%	46	127
中京・芝1200	1	0	0	4	20.0%	20.0%	20.0%	468	142
新潟・芝1200	1	0	0	4	20.0%	20.0%	20.0%	212	62

産駒【ダート】コース・ベスト 5（ダ30走以上）

コース	1着	2着	3着	着外	勝率	連対率	複勝率	単回値	複回値
中京・ダ1900	6	4	1	25	16.7%	27.8%	30.6%	106	71
阪神・ダ1800	10	6	15	72	9.7%	15.5%	30.1%	52	96
中京・ダ1800	10	6	6	54	13.2%	21.1%	28.9%	94	64
中山・ダ1800	11	3	10	67	12.1%	15.4%	26.4%	92	77
新潟・ダ1200	1	4	3	30	2.6%	13.2%	21.1%	18	139

【芝】延長指数 **14.0** 　【芝】短縮指数 **20.5**

【ダ】延長指数 **25.0** 　【ダ】短縮指数 **39.5**

【芝】道悪指数 **82.7** 　【ダ】道悪指数 **71.0**

★パフォーマンス指数★

牝馬／△　2歳／△　初ダート16.7％

水上の眼

芝・ダートともに道悪は鬼か

　対象は国内供用後の産駒に限定。当初はダート限定種牡馬かと思われたが、下級条件の短距離なら、芝でもそこそこの成績を出すようになってきた。

　芝もダートも、距離変更で成績が上がることはあまりなく、買うなら前走と同距離の場合に限っていいだろう。なおダートでは、延長でも短縮でも勝率は同距離の半分程度しかない。

　道悪は芝もダートもプラス要素。パフォーマンス指数はご覧のように、かなり高い。

　牝馬は芝もダートも、牡馬に比べるとかなり見劣る。芝では牡馬の複勝率16.3％に対し牝馬は4.4％。ダートでのそれは牡馬22.9％に対し、牝馬は12.5％とかなり乖離する。

　2歳戦もマイナスだ。主流のダートでも、勝率は4歳、5歳の半分程度でしかない。ただし連対率、複勝率のほうはあまり変わらない。もちろん、アイスジャイアントのように2歳オープン馬は出ているが、その例はごく少ない。

　初ダート時の複勝率は、ダートの総合よりやや下がり、大きく変わり身を見せることはそれほど期待できない。ただ、馬券圏になったのはすべて1400ｍ以上だった。1200ｍでの初ダートは【0－0－0－13】と全滅であることは覚えておきたい。

48 ディープインパクト

現役時成績

ヘイロー系・サンデーサイレンスライン

● 2002 年生。通算 14 戦 12 勝。2019 年死亡。

皐月賞、ダービー、菊花賞、天皇賞・春、有馬記念、ジャパンC、宝塚記念、神戸新聞杯、弥生賞、阪神大賞典。

有馬記念 2 着。

JRA年度代表馬 2 回。国産馬として競走馬、種牡馬両方の頂点を極めた、現状唯一の馬といえる。歴代最強の呼び声が高い。

主な産駒

・コントレイル（三冠馬、ジャパンC他）
・ジェンティルドンナ（牝馬三冠、有馬記念、ジャパンC他）
・キズナ（ダービー他）
・シャフリヤール（ダービー、ドバイシーマC他）
・ワグネリアン（ダービー他）
・ヴィブロス（秋華賞、ドバイターフ他）
・グランアレグリア（桜花賞、安田記念、マイルCS2回他）
などGI馬多数

産駒【芝】コース・ベスト5（芝50走以上）

コース	1着	2着	3着	着外	勝率	連対率	複勝率	単回値	複回値
京都・芝1800外	11	6	6	28	21.6%	33.3%	45.1%	245	94
阪神・芝1800外	36	28	21	115	18.0%	32.0%	42.5%	102	72
京都・芝2000	9	5	7	30	17.6%	27.5%	41.2%	86	90
中京・芝2000	36	33	25	135	15.7%	30.1%	41.0%	192	92
阪神・芝2000	25	23	22	110	13.9%	26.7%	38.9%	80	70

産駒【ダート】コース・ベスト5（ダ40走以上）

コース	1着	2着	3着	着外	勝率	連対率	複勝率	単回値	複回値
東京・ダ2100	8	7	4	43	12.9%	24.2%	30.6%	106	80
中京・ダ1800	12	6	6	69	12.6%	18.9%	27.4%	119	69
阪神・ダ1800	13	5	4	85	12.1%	16.8%	20.6%	140	79
小倉・ダ1700	4	3	6	51	6.3%	10.9%	20.3%	24	84
中山・ダ1800	7	2	3	51	11.1%	14.3%	19.0%	91	65

【芝】延長指数 **49.0** 　【芝】短縮指数 **35.5**

【ダ】延長指数 **35.5** 　【ダ】短縮指数 **70.0**

【芝】道悪指数 **46.4** 　【ダ】道悪指数 **69.0**

★パフォーマンス指数★

牝馬/○　2歳/なし　初ダート22.9%

水上の眼

無双の種牡馬、されど晩年の産駒はダートがオイシイ！

　今さら細かい説明はいらないだろう。サンデーサイレンスを超えたという見方もできる大種牡馬。内国産馬としては現役、繁殖双方で日本競馬史上最高レベルの存在だった。

　対象期間内の成績は晩年の産駒によるもので、必ずしもディープという種牡馬の総合的な姿を映しているとはいえないとは思う。あくまで現役馬の馬券検討という点で捉えていただきたい。

　芝では、距離延長よりも短縮のほうがパフォーマンス指数は下がっている。

　個人的に驚いたのはダートで、芝とは真逆に短縮時にここまで指数が高いとは思わなかった。回収値も単勝109円、複勝102円もあり、妙味もある。

　道悪については、芝ではややパフォーマンスが下がる程度。反対にダートはかなり指数が高い。

　初ダートの複勝率22.9%は高いほう。着度数で見ると【24 − 8 − 11 − 145】で勝ち切ることも多いが、3勝以上での初ダートとなると【0 − 0 − 1 − 25】で、いかにディープでもほぼアウト。

　なお、初ダートがハマるコースは札幌1700m【4 − 0 − 2 − 10】、新潟1800m【3 − 0 − 0 − 7】が代表的。芝の2000mあたりを使って成績が上がらず、ダートの1700m、1800mで変わるというパターンが典型だ。

現役時成績

サンデーサイレンス系・ディープイン
パクトライン

● 2009年生。通算7戦3勝。
ダービー、東京スポーツ杯2歳S。
皐月賞3着。
3歳一杯で脚部不安のため引退。
父とは異なり、先行して粘り込むタイ
プの競馬で世代の頂点に立った。直近
の出世馬エルトンバローズにも、それ
は受け継がれている。

主な産駒

・エルトンバローズ（毎日王冠、
ラジオNIKKEI賞）
・モズベッロ（日経新春杯。
大阪杯2着、宝塚記念3着）
・セダブリランテス（中山金杯、
ラジオNIKKEI賞）
・ラプタス（黒船賞他）
・ミッキーブリランテ（京成杯
オータムH2着、阪急杯2着）
・ナムラドノヴァン（阪神大賞
典3着）
・ミゲル
・ワイドカントなど

産駒【芝】コース・ベスト5（芝10走以上）

コース	1着	2着	3着	着外	勝率	連対率	複勝率	単回値	複回値
福島・芝1800	3	2	1	10	18.8%	31.3%	37.5%	82	161
函館・芝1200	2	2	2	11	11.8%	23.5%	35.3%	79	73
小倉・芝1800	5	1	2	17	20.0%	24.0%	32.0%	184	110
阪神・芝1200	1	0	3	10	7.1%	7.1%	28.6%	55	99
東京・芝2400	1	1	1	8	9.1%	18.2%	27.3%	59	141

産駒【ダート】コース・ベスト5（ダ15走以上）

コース	1着	2着	3着	着外	勝率	連対率	複勝率	単回値	複回値
札幌・ダ1700	3	1	2	12	16.7%	22.2%	33.3%	107	132
函館・ダ1700	1	1	4	12	5.6%	11.1%	33.3%	22	168
中京・ダ1800	1	1	5	16	4.3%	8.7%	30.4%	10	116
阪神・ダ1200	3	4	2	28	8.1%	18.9%	24.3%	36	62
中京・ダ1400	2	4	4	38	4.2%	12.5%	20.8%	17	65

【芝】延長指数 **69.5**　【芝】短縮指数 **44.5**

【ダ】延長指数 **5.5**　【ダ】短縮指数 **25.0**

【芝】道悪指数 **58.2**　【ダ】道悪指数 **35.4**

★パフォーマンス指数★

牝馬/○　2歳/◎　初ダート9.8%

水上の眼

芝・ダートとも2歳戦はよく走る

　自身の現役時の走り同様、優れた持続力を持つ産駒が多く、高速上がりを要するコースを苦手とする。その脚質を反映してか、芝では距離延長時で圧倒的に狙いが立つ。

　また、距離短縮でも悪くはないが、平均的なパフォーマンスよりは下がる。

　ダートは苦手なのではなく、前走と同距離でこそのタイプが多い。ダートの距離延長時は、勝率こそ同距離とほぼ同じだが、複勝率は半分以下となるのだ。

　反対にダートの距離短縮時は、勝率が同距離時の半分となる。

　芝の道悪は得意。特に重馬場だと、勝率が良馬場2倍の10.5%となる。このあたりは代表産駒のモズベッロを想起していただきたい。

　2歳戦は意外とよく走る。芝1800m以下なら距離不問で、またダートもよく走る。ダートでは特に中山1200mが【2－4－0－8】と好走が目立つ。反対に中山の1800mでは【0－1－2－12】と勝ち星がない。

　初ダートはあまり期待できない。着度数だと【1－2－6－83】となっており、買いたくてもヒモでいい。

　配合相手にイマイチ恵まれないが、エルトンバローズの例を見てもわかるように、種牡馬としてのポテンシャルは決して低くないはずだ。

ディーマジェスティ

現役時成績

サンデーサイレンス系・ディープインパクトライン

● 2013 年生。通算 13 戦 4 勝。

皐月賞、セントライト記念、共同通信杯。

ダービー3着。

1番人気で迎えた菊花賞で4着敗退。その3歳秋以降から次第に衰えを見せ、翌年引退しアロースタッドで種牡馬入り。

主な産駒

・クロスマジェスティ（アネモネS）
・デルマグレムリン
・ディープレイヤー
・メイショウヒヅクリ
・シゲルファンノユメ
・アップストローク
・ドーバーホーク
・ペプチドタイガーなど

産駒【芝】コース・ベスト5（芝8走以上）

コース	1着	2着	3着	着外	勝率	連対率	複勝率	単回値	複回値
中山・芝1200	1	2	2	3	12.5%	37.5%	62.5%	26	80
福島・芝1200	1	3	1	4	11.1%	44.4%	55.6%	18	76
阪神・芝1800外	1	1	2	4	12.5%	25.0%	50.0%	56	196
東京・芝1400	0	2	3	6	0.0%	18.2%	45.5%	0	201
中山・芝1600	2	3	3	10	11.1%	27.8%	44.4%	233	129

産駒【ダート】コース・ベスト5（ダ10走以上）

コース	1着	2着	3着	着外	勝率	連対率	複勝率	単回値	複回値
阪神・ダ1200	2	4	0	14	10.0%	30.0%	30.0%	151	99
中京・ダ1200	1	1	1	8	9.1%	18.2%	27.3%	25	123
中山・ダ1200	2	2	0	11	13.3%	26.7%	26.7%	77	70
中山・ダ1800	1	1	1	13	6.3%	12.5%	18.8%	1495	166
中京・ダ1800	1	0	2	13	6.3%	6.3%	18.8%	33	81

【芝】延長指数 **30.5**　【芝】短縮指数 **95.5**

【ダ】延長指数 **1.0**　　【ダ】短縮指数 **59.5**

【芝】道悪指数 **0**　　　【ダ】道悪指数 **65.7**

★パフォーマンス指数★

牝馬/△　2歳/○　初ダート16.0%

水上の眼

産駒は地味だが、儲けどころは満載！

　自身の競走成績からはスピード指向や短距離指向は微塵も見られなかったが、左ページの表を見ると、芝もダートも短距離コースの複勝率がベスト５の多くを占めている。

　そして指数を見ても、距離短縮時のパフォーマンス、それも芝での短縮時が圧倒している。【３－４－７－20】で複勝率41.2％、複勝回収値は131円だ。産駒頭数が少なめの種牡馬だけに、この条件で見かけたら人気に関わらず馬券に必須だ。

　ダートの短縮は【９－３－１－46】で勝ち切りが多い。こちらは単勝回収値がなんと500円もあり、いかに人気薄が勝ち切っているかがわかる。

　また、ダートの同距離でも単勝回収値は298円あり、延長時をとにかく嫌いたいタイプだ。

　道悪の芝は９戦して３着以内ゼロ。ダートの道悪はパフォーマンスが上がる。

　面白いのは性差だ。牡馬の成績が芝で大きく下がり、牡馬の勝率8.7％、連対率23.3％、複勝率36.0％に対し、牝馬のそれらは2.9％、8.7％、14.5％と極端に悪い。

　なおダートでは反対に、大差はないものの、すべての率で今度は牝馬が上になっているのだ。

　初ダートは強調こそできない率だが、単勝回収値はなんと965円。人気薄の一発を警戒したい。

現役時成績

ストームキャット系・フォレストリー
ライン

● 2003 年生。通算 9 戦 6 勝（米国な
ど）。2023 年死亡。

シガーマイルＨ（ダ 1600 m）、ジェロー
ムＨ（ダ 1600 m）、ＵＡＥダービー（ダ
1800 m）他。

デビューから無敗の 6 連勝を飾った快
速馬。引退後、米国→日本で供用。

主な産駒

・エアハリファ（根岸Ｓ）
・オオバンブルマイ（京王杯2
歳Ｓ、アーリントンＣ）
・コンバスチョン（全日本2歳
優駿2着、兵庫ジュニアＧＰ2
着）
・ワールドバローズ
・スズカコテキタイ
・ルチェカリーナ
・ヴァガボンド
・ジョディーズマロンなど

産駒【芝】コース・ベスト5（芝10走以上）

コース	1着	2着	3着	着外	勝率	連対率	複勝率	単回値	複回値
中京・芝1600	5	0	1	5	45.5%	45.5%	54.5%	145	87
函館・芝1200	2	4	3	13	9.1%	27.3%	40.9%	105	216
中京・芝1400	2	0	1	7	20.0%	20.0%	30.0%	181	66
阪神・芝1600外	2	3	0	12	11.8%	29.4%	29.4%	124	89
新潟・芝1000	2	5	1	21	6.9%	24.1%	27.6%	31	64

産駒【ダート】コース・ベスト5（ダ50走以上）

コース	1着	2着	3着	着外	勝率	連対率	複勝率	単回値	複回値
中京・ダ1400	7	6	4	35	13.5%	25.0%	32.7%	105	104
中山・ダ1200	13	9	7	75	12.5%	21.2%	27.9%	71	57
東京・ダ1400	6	6	7	50	8.7%	17.4%	27.5%	64	66
東京・ダ1600	8	5	10	64	9.2%	14.9%	26.4%	124	84
阪神・ダ1200	8	5	5	52	11.4%	18.6%	25.7%	72	58

【芝】延長指数 **12.0** 【芝】短縮指数 **85.5**

【ダ】延長指数 **26.0** 【ダ】短縮指数 **47.0**

【芝】道悪指数 **100.5** 【ダ】道悪指数 **67.3**

★パフォーマンス指数★

牝馬/△　2歳/○　初ダート14.5%

水上の眼

芝の距離短縮と道悪で鬼だった！

　対象は日本供用後の産駒となる。

　すでにお気づきの方もいるかもしれないが、決してダート専用種牡馬というわけではない。主な働き場がダートであるのは間違いないのだが、マイル以下なら芝でもかなりやれる。

　そして左ページの好走コースを見てもわかるように、芝で得意とするのは上がりのかかるコースで占められている。

　芝で圧倒的にお買い得なのは距離短縮時だろう。パフォーマンス指数は85を超え、単勝回収値103円、複勝回収値は134円で複勝のほうが高い。

　ダートでは、距離変更時はあまり強調できないようだ。距離延長は芝よりはマシだが、短縮では通常パフォーマンスより少し落とす。

　道悪は芝で50どころか、なんと100を超えた。もちろんサンプル数が少なめではあるのだが、複勝率は良馬場の2倍。重馬場の複勝回収値144円、不良馬場の単勝回収値177円、複勝回収値は167円にも達する。重・不良で見かけたら常に一考したい。

　牝馬は、芝もダートも牡馬より劣る。複勝率で6から10ポイントの幅で下がっている。

　2歳馬は総合で○としたが、芝の2歳は△としたい。また驚いたのが初ダートで、一変するイメージがあったのだが【2－3－3－47】程度、単勝回収値はわずか6円だ。

デクラレーションオブウォー

現役時成績

ダンチヒ系・ウォーフロントライン

● 2009 年生。通算 13 戦 7 勝（英国、仏国他）。

英インターナショナルS（芝 2000 m）、

クイーンアンS（芝 1600 m）。

エクリプスS（芝 2000 m）2 着、BCクラシック（ダ 2000 m）3 着。

ラストランで初ダートとなったBCクラシックでも僅差 3 着となっており、芝・ダート不問の能力を持つ。

主な産駒

・トップナイフ（ホープフルS2着、札幌記念2着、弥生賞2着、京都2歳S2着）

・タマモブラックタイ（ファルコンS）

・デュードヴァン（ユニコーンS2着）など

★海外ではオルメド（仏2000ギニー）、ヴォウアンドデクレアー（メルボルンC）、ファイアーアットウィル（BCジュベナイルターフ）など

産駒【芝】コース・ベスト 5（芝 5 走以上）

コース	1着	2着	3着	着外	勝率	連対率	複勝率	単回値	複回値
札幌・芝2000	2	2	0	1	40.0%	80.0%	80.0%	176	298
中山・芝2000	2	2	1	2	28.6%	57.1%	71.4%	225	167
阪神・芝1800外	2	0	1	2	40.0%	40.0%	60.0%	720	234
札幌・芝1800	2	0	1	3	33.3%	33.3%	50.0%	153	75
東京・芝1400	1	3	1	6	9.1%	36.4%	45.5%	19	104

産駒【ダート】コース・ベスト 5（ダ 10 走以上）

コース	1着	2着	3着	着外	勝率	連対率	複勝率	単回値	複回値
東京・ダ1600	2	4	0	6	16.7%	50.0%	50.0%	109	89
中京・ダ1400	2	1	1	7	18.2%	27.3%	36.4%	98	127
中京・ダ1800	1	3	0	10	7.1%	28.6%	28.6%	42	82
阪神・ダ1800	2	1	2	13	11.1%	16.7%	27.8%	72	56
小倉・ダ1700	1	1	0	8	10.0%	20.0%	20.0%	24	121

【芝】延長指数 **18.0** 【芝】短縮指数 **35.0**

【ダ】延長指数 **21.0** 【ダ】短縮指数 **1.0**

【芝】道悪指数 **35.2** 【ダ】道悪指数 **106.1**

★パフォーマンス指数★

牡馬/○　2歳/◎　初ダート17.4%

水上の眼

距離変更は鬼門、同距離で突っ走る！

　ダート優勢は間違いないのだが、当初の想定以上に芝で走っている。それも芝ならむしろ中距離向きなのだ。

　とはいえ、芝での距離延長はほとんど走らない。むしろ短縮のときに少しパフォーマンスを上げることが指数からうかがえる。対して、ダートの場合は延ばしても縮めてもまったくダメ。

　つまりどういうことかというと、前走と同距離のときのパフォーマンスがとても高いのだ。

　芝の場合は、勝率では同距離21.1%、延長8.3%、短縮3.4%。複勝率では同距離36.8%、延長22.9%、短縮34.5%となる。

　ダートでも、勝率は延長・短縮時の2.5倍、複勝率は13から20ポイントアップ。とにかく勝負するのは、前走と同距離の場合となる。

　芝の道悪は割り引き。そしてダートの道悪はなんと指数100超えだ。特に重馬場では【2－6－0－11】と連軸になり得る。

　性差では、芝とダートで峻別される。

　芝の勝率は牡馬が牝馬の2倍あるが、ダートではこれが逆で、牝馬が牡馬の2倍近い。相殺されて互角となるので○評価としたが、ここまで差が出ると、芝とダートの違いは覚えておくべき。

　2歳戦はとてもよく走る。特に芝では94走して26連対だ。

　初ダートの複勝率17.4%はそこそこ高いほう。芝で結果を出せない馬の変わり身は期待できる。

種牡馬 53 ドゥラメンテ

現役時成績

ミスタープロスペクター系・キングマンボライン

● 2012 年生。通算 9 戦 5 勝。2021 年死亡。

皐月賞、ダービー、中山記念。

宝塚記念 2 着、ドバイシーマ C 2 着。

皐月賞では 4 角で膨れながらも豪脚で差し切った。ダービーはレースレコードを 1 秒上回った。秋は脚部不安で三冠は回避、長期休養から復帰し中山記念も勝つが、これが最後の勝利。

種牡馬として大成功も、急死が惜しまれる。

主な産駒

・タイトルホルダー（菊花賞、天皇賞・春、宝塚記念他。皐月賞2着他）
・スターズオンアース（桜花賞、オークス。大阪杯2着他）
・リバティアイランド（牝馬三冠、阪神JF）
・ドゥレッツァ（菊花賞）
・シャンパンカラー（NHKマイルC）
・ドゥラエレーデ（ホープフルS）
・アリーヴォ（小倉大賞典）など

産駒【芝】コース・ベスト 5（芝30走以上）

コース	1着	2着	3着	着外	勝率	連対率	複勝率	単回値	複回値
札幌・芝1800	8	3	4	16	25.8%	35.5%	48.4%	169	96
東京・芝2400	9	5	5	26	20.0%	31.1%	42.2%	65	92
阪神・芝2000	13	12	8	50	15.7%	30.1%	39.8%	61	104
阪神・芝1800外	8	11	12	49	10.0%	23.8%	38.8%	77	98
小倉・芝1800	12	7	8	43	17.1%	27.1%	38.6%	90	117

産駒【ダート】コース・ベスト 5（ダ60走以上）

コース	1着	2着	3着	着外	勝率	連対率	複勝率	単回値	複回値
中京・ダ1800	8	15	15	53	8.8%	25.3%	41.8%	38	73
阪神・ダ1800	12	16	12	78	10.2%	23.7%	33.9%	22	81
東京・ダ1600	15	11	9	69	14.4%	25.0%	33.7%	68	67
新潟・ダ1800	7	5	7	45	10.9%	21.9%	29.7%	66	58
東京・ダ1400	10	7	1	46	15.6%	26.6%	28.1%	612	200

【芝】延長指数 **36.0** 【芝】短縮指数 **43.5**

【ダ】延長指数 **22.5** 【ダ】短縮指数 **27.0**

【芝】道悪指数 **51.5** 【ダ】道悪指数 **46.9**

★パフォーマンス指数★

牝馬/△　2歳/◎　初ダート22.1％

水上の眼

早逝が惜しまれる逸材種牡馬……産駒は２歳戦から勝負！

2023年時点でたった四世代ながら、多大な影響力を持っている種牡馬。エアグルーヴ牝系の牡馬最高傑作。産駒の芝のクラス別成績でのＧＩ【10－２－４－31】には圧巻以外の言葉がない。

基本的には瞬発力型で、底力勝負に強い。これが大舞台での勝ち切りの多さに続く。なお私見では、マイル以下での高速決着には弱点がありそう。気性面にはやや難しさを抱える馬が多い。

芝の距離延長時の指数はかなり低くなるが、延長で勝った馬はタイトルホルダー、スターズオンアースを始め、ディナースタ、アイコンテーラー、レインフロムヘヴンなど出世するケースが多い。もし見つけたら追いかけてみたいが、総合的な複勝率は、同距離時より10ポイントも落ちる。

ダートで出世する馬はほとんどいなかったが、23年秋にアイコンテーラーが牝馬の身で飛躍しようとしている（ＢＳＮ賞１着→シリウス２着）。今後増えていくか。

スターズオンアースやリバティアイランドのために、牝馬のインパクトはかなり強いが、総合的に見ると、牝馬の成績は牡馬よりも下がる。

２歳戦は、芝もダートもとても強い。

初ダートの成績も意外とよい。複勝率はご覧の数字だが、連対率でも17.9％あるのだ。特に期間内22勝中、18勝は1700ｍ、1800ｍに集中している。この距離での初ダートはアタマから。

種牡馬 54 ドレフォン

現役時成績

ストームキャット系・テイルオブザ
キャットライン

● 2013 年生。通算 9 戦 6 勝（米国）。
ＢＣスプリント（ダ 1200 m）、キング
ズビショップＳ（ダ 1400 m）、フォア
ゴーＳ（ダ 1400 m）。
北米最優秀短距離馬。日本で種牡馬入
り。

主な産駒

・ジオグリフ（皐月賞、札幌2
歳S他）
・デシエルト（若葉S）
・タイセイドレフォン（レパード
S2着）
・コンシリエーレ
・カワキタレブリー（NHKマイ
ルC3着）
・コンティノアール
・カルネアサーダ
・タガノクリステルなど

産駒【芝】コース・ベスト５（芝20走以上）

コース	1着	2着	3着	着外	勝率	連対率	複勝率	単回値	複回値
中京・芝1600	3	3	3	18	11.1%	22.2%	33.3%	83	63
中山・芝1600	6	3	3	29	14.6%	22.0%	29.3%	135	105
函館・芝1200	1	2	3	17	4.3%	13.0%	26.1%	21	53
小倉・芝1800	2	3	0	16	9.5%	23.8%	23.8%	108	45
東京・芝1400	3	3	1	23	10.0%	20.0%	23.3%	86	47

産駒【ダート】コース・ベスト５（ダ30走以上）

コース	1着	2着	3着	着外	勝率	連対率	複勝率	単回値	複回値
札幌・ダ1700	6	7	4	32	12.2%	26.5%	34.7%	60	86
阪神・ダ1800	15	11	11	74	13.5%	23.4%	33.3%	71	79
中京・ダ1800	11	5	10	54	13.8%	20.0%	32.5%	93	66
中京・ダ1200	6	2	4	26	15.8%	21.1%	31.6%	136	81
阪神・ダ1200	9	3	4	36	17.3%	23.1%	30.8%	106	67

【芝】延長指数 40.0 【芝】短縮指数 24.5

【ダ】延長指数 66.0 【ダ】短縮指数 54.0

【芝】道悪指数 35.7 【ダ】道悪指数 46.3

★パフォーマンス指数★

牝馬/△　2歳/○　初ダート28.4%

水上の眼

芝・ダ兼用だが、初ダートならアタマから狙える

　まさに芝・ダート兼用型。父ジオポンティが北米のトップ芝馬、母の母方が欧州血統、そこに主流のダート血統がミックスされた配合で、両方のよさが出ている。

　ただ、芝での距離変化はあまりよくない。特に短縮はパフォーマンスがかなり下がるが、対照的に芝で前走と同距離だった場合は複勝回収値が111円と高い。芝なら距離変更なしのときに狙いたい。

　ダートは距離延長時の指数が66と高く、かなりの上積みが見込める。芝の道悪は苦手、ダートの道悪だとわずかに下がる程度だ。

　牝馬は牡馬より成績が低い。特に芝での差が広がっており、牡馬の勝率9.7%、複勝率24.7%に対し、牝馬のそれは順に4.8%、18.1%となっている。

　2歳戦はよく走る。芝もダートも距離不問だ。

　ただし、芝では年齢が上がると走れる距離が1600mに特化していき、4歳以上での1400m以下が【0－4－2－19】。1800m以上はワープスピードだけが2400mで好走しているが、それを除くとほぼ連対していない。

　初ダート時は複勝率28.4%。これはダート総合とほぼ同じ。【17－5－7－73】で勝ち切り多く、単勝回収値は119円だ。

55 ハーツクライ

現役時成績

ヘイロー系・サンデーサイレンスライン

● 2001 年生。通算 19 戦 5 勝。2023年死亡。

有馬記念、ドバイシーマC（芝 2400m）、京都新聞杯。

ジャパンC 2 着、ダービー 2 着、宝塚記念 2 着。キングジョージⅥ＆QエリザベスS（芝 2400 m）3 着。

典型的な晩成タイプ。実績のわりに勝ち鞍が少ないのが意外なほど。ノド鳴りでの引退を余儀なくされた。

主な産駒

・リスグラシュー（有馬記念、宝塚記念、コックスプレート他）
・ジャスタウェイ（天皇賞・秋、安田記念、ドバイDF他）
・スワーヴリチャード（ジャパンC、大阪杯他）
・ワンアンドオンリー（ダービー他）
・ドウデュース（ダービー、朝日杯FS他）
・シュヴァルグラン（ジャパンC他）などGⅠ馬多数。

産駒【芝】コース・ベスト5（芝90走以上）

コース	1着	2着	3着	着外	勝率	連対率	複勝率	単回値	複回値
新潟・芝1800外	12	11	12	64	12.1%	23.2%	35.4%	37	89
東京・芝2000	14	14	16	88	10.6%	21.2%	33.3%	54	56
小倉・芝2000	14	13	15	84	11.1%	21.4%	33.3%	54	100
東京・芝1800	17	17	13	102	11.4%	22.8%	31.5%	97	72
小倉・芝1800	6	7	15	62	6.7%	14.4%	31.1%	52	70

産駒【ダート】コース・ベスト5（ダ60走以上）

コース	1着	2着	3着	着外	勝率	連対率	複勝率	単回値	複回値
中京・ダ1800	11	9	13	82	9.6%	17.4%	28.7%	62	74
新潟・ダ1800	10	8	7	70	10.5%	18.9%	26.3%	67	63
中京・ダ1900	7	6	4	48	10.8%	20.0%	26.2%	50	53
中山・ダ1800	13	13	10	112	8.8%	17.6%	24.3%	80	64
阪神・ダ1400	4	13	2	64	4.8%	20.5%	22.9%	17	77

【芝】延長指数 **47.5**　【芝】短縮指数 **52.5**

【ダ】延長指数 **38.0**　【ダ】短縮指数 **37.0**

【芝】道悪指数 **42.9**　【ダ】道悪指数 **43.6**

★パフォーマンス指数★

牝馬/△　2歳/なし　初ダート22.2%

水上の眼

晩年に大駒輩出の功績、妙味は芝の距離短縮

　誰でも一度は「成長力のハーツクライ産駒」という言葉を聞いたことがあると思うが、末期の産駒には2歳時から重賞で勝ち負けする大物が増えていた。ドウデュース、ダノンベルーガを晩年に出したことも素晴らしい。

　これも晩年の産駒で顕著になってきたのは、芝の距離短縮時の成績だ。パフォーマンス指数は52.5と上がり方こそ小さいが、スタミナ型種牡馬のイメージがあるだけにインパクトは強い。

　ダートは距離延長も短縮もあまりよくない。狙うなら同距離のときだ。なお、左ページの好走コースからもわかるように1800ｍ、1900ｍに集中している。

　道悪は、芝もダートも大きなマイナスではないにせよ、あまり強調できない。

　牝馬は牡馬と互角に走れるが、ことダートに限ると牡馬にはかなり見劣る。

　2歳については、2023年世代が最後であり、この本が出てから1、2週間だけとなるので省略した。もしわずかの期間とはいえ参考になさるのならば、年末に開催している中山の芝2000ｍ、阪神の芝1600ｍでの成績が高い点を指摘しておこう。

　なお、ダートの2歳戦はほとんど走らない。

　初ダートは、ダート総合とあまり変わらない。単勝回収値は118円あり、一変するケースも多い。

現役時成績

ダンチヒ系・デインヒルライン

● 2006年生。通算9戦6勝（英国）。キングジョージⅥ＆ＱエリザベスＳ（芝2400ｍ）、ハードウィックＳ（芝2400ｍ）他。

4歳で本格化の遅咲き。キングジョージはレース史上最大着差、コースレコードでの圧勝だったが、直後に骨折、日本で種牡馬入り。

主な産駒

・ブラストワンピース（有馬記念、札幌記念、AJCC、新潟記念他）
・ノームコア（ヴィクトリアM、香港マイル、札幌記念他）
・ディアドラ（秋華賞、紫苑S、ナッソーS他）
・ペルシアンナイト（マイルCS他。皐月賞2着、マイルCS2着、大阪杯2着他）
・モズカッチャン（エリザベス女王杯、フローラS。オークス2着、秋華賞3着）

産駒【芝】コース・ベスト5（芝50走以上）

コース	1着	2着	3着	着外	勝率	連対率	複勝率	単回値	複回値
札幌・芝2000	7	7	11	47	9.7%	19.4%	34.7%	78	112
函館・芝2000	8	5	4	33	16.0%	26.0%	34.0%	132	91
中京・芝2000	19	12	15	101	12.9%	21.1%	31.3%	94	81
小倉・芝2000	10	15	11	84	8.3%	20.8%	30.0%	35	76
中山・芝1800	4	6	6	38	7.4%	18.5%	29.6%	92	75

産駒【ダート】コース・ベスト5（ダ25走以上）

コース	1着	2着	3着	着外	勝率	連対率	複勝率	単回値	複回値
阪神・ダ1800	7	8	12	59	8.1%	17.4%	31.4%	47	81
札幌・ダ1700	1	3	4	20	3.6%	14.3%	28.6%	10	103
中山・ダ1800	2	6	3	51	3.2%	12.9%	17.7%	67	56
小倉・ダ1700	1	2	4	42	2.0%	6.1%	14.3%	4	43
中京・ダ1800	1	4	2	43	2.0%	10.0%	14.0%	10	27

【芝】延長指数 **51.0**　【芝】短縮指数 **41.0**

【ダ】延長指数 **34.0**　【ダ】短縮指数 **1.0**

【芝】道悪指数 **51.0**　【ダ】道悪指数 **51.4**

★パフォーマンス指数★

牝馬/○　2歳/◎　初ダート7.3%

水上の眼

道悪、そして2歳の芝戦がターゲット

　種牡馬生活もそろそろ後半に入ったと思うが、コンスタントに上級での活躍馬を出し続けている。ダンチヒ系の中では距離の融通も最も利く。

　芝では、距離短縮時に少しパフォーマンスを下げる。

　ダートは距離延長でさらに下げるが、ただし勝率だけは同距離の4.3%を上回る5.7%あって、代わりに連対率、複勝率を下げている。単勝回収値は213円あるので、人気薄でも買える要素があるならアタマからいきたい。

　なお、ダート短縮時の指数を算出すると「0」なのだが、3着以内の回数自体はあるため、「1」とした。

　道悪は芝もダートもわずかに指数が上がる。特にダートでは、重馬場のときに単勝回収値142円、複勝回収値146円もあって買っておきたいところ。

　2歳戦は、芝がすべての率で全年齢のベストとなる。ダートの複勝率も28.6%ある。ハービンジャー自身は典型的な晩成型だったのに、産駒はおおむね早期完成型だ。ただ出世している馬は、3歳春以降に本格化した馬たちに多い。

　初ダートは、総合のダート複勝率を1割も下回っていて、まず望み薄だろう。

　特に1600m以下での初ダートは【0－1－0－51】で即消しだ。好走の大半は、なぜか阪神ダート1800mでの初ダートに多く【1－1－4－35】だ。

121

現役時成績

ボールドルーラー系・エーピーインディライン

● 2005 年生。通算 15 戦 5 勝（米国）。フォアゴー S（ダ 1400 m）、ルイジアナダービー（ダ 1900 m）、リズンスター S（ダ 1800 m）他。
BCジュヴェナイル（ダ 1700 m）2 着。引退年に所有していたゴドルフィンの肝いりで、日本（ダーレー・ジャパン）で種牡馬入り。

主な産駒

・メイショウハリオ（帝王賞2回、かしわ記念、マーチS、みやこS）
・ケンシンコウ（レパードS）
・ビービーバーレル（フェアリーS）
・デルマルーヴル（名古屋GP）
・ケイアイパープル（佐賀記念）など
★地方競馬ではミューチャリー（JBCクラシック他）、タービランス、ハセノパイロなど

産駒【芝】コース・ベスト5（芝5走以上）

コース	1着	2着	3着	着外	勝率	連対率	複勝率	単回値	複回値
阪神・芝1200	1	0	1	4	16.7%	16.7%	33.3%	128	108
福島・芝1200	1	2	0	7	10.0%	30.0%	30.0%	61	57
新潟・芝1400	0	2	0	5	0.0%	28.6%	28.6%	0	108
小倉・芝1200	1	1	4	18	4.2%	8.3%	25.0%	16	68
中京・芝1200	0	0	1	4	0.0%	0.0%	20.0%	0	54

産駒【ダート】コース・ベスト5（ダ50走以上）

コース	1着	2着	3着	着外	勝率	連対率	複勝率	単回値	複回値
福島・ダ1700	7	6	6	34	13.2%	24.5%	35.8%	90	73
阪神・ダ1800	10	18	12	87	7.9%	22.0%	31.5%	74	95
中京・ダ1800	4	5	16	57	4.9%	11.0%	30.5%	52	107
小倉・ダ1700	12	12	6	69	12.1%	24.2%	30.3%	85	77
中山・ダ1800	12	14	9	81	10.3%	22.4%	30.2%	61	66

【芝】延長指数 5.5　　【芝】短縮指数 21.0

【ダ】延長指数 54.5　　【ダ】短縮指数 51.5

【芝】道悪指数 102.3　【ダ】道悪指数 56.6

★パフォーマンス指数★

牝馬/◎　2歳/○　初ダート18.2%

水上の眼

道悪で指数が急上昇、特に芝だ！

　ダート専用のイメージはあるが、思ったよりも芝は走れる。ただ、ダートで好成績だった馬は芝に転じても厳しく、最初から芝で下ろした馬が下級条件で頑張っているケースが大半だ。

　そして芝では距離変化に弱く、延長したらほぼダメだ。基本的に同距離で狙いたい。

　もちろん本領はダートにあることはいうまでもない。芝とは逆に延長、短縮ともに、パフォーマンス指数は上がる。

　芝では道悪になったら、やたら好走することを押さえておきたい。パフォーマンス指数は100を超えている。

　ダートでも良馬場以上に走れるし、道悪の中でもダート重馬場は最も得意で単勝回収値305円、複勝回収値116円に達する。

　芝での性差が特に大きい。牡馬【0－3－1－43】に対し、牝馬は【5－5－7－88】となっている。

　ただ得意のダートにしても、牝馬でオープンに上がる馬はあまり見当たらず、2023年9月末日現在で2頭しかいない。

　2歳馬は芝では大苦戦で【1－1－0－34】。反対にダートでは勝率、複勝率はベストとなる。

　初ダートは総合の複勝率よりも3％程度下がるが、複勝回収値は119円あり、人気がなければヒモで押さえたい。ただパイロに抱いている一般的なイメージほど、ダートで変わる馬が多いわけではない。

種牡馬 58 バゴ

現役時成績

レッドゴッド系・ブラッシンググルームライン

● 2001 年生。通算 16 戦 8 勝（英国、仏国他）。欧州最優秀 3 歳牡馬。

凱旋門賞（芝 2400 m）、ガネー賞（芝 2100 m）、パリ大賞典（芝 2000 m）、ジャンプラ賞（芝 1800 m）、クリテリウム国際（芝 1600 m）他。

ゴールドＣ（芝 2100 m）2 着、凱旋門賞（芝 2400 m）3 着。

ラストランはジャパンＣで 8 着に敗れ、最後にして初めて掲示板を外した。日本で種牡馬入り。

主な産駒

・クロノジェネシス（有馬記念、宝塚記念2回、秋華賞他。阪神JF2着他）
・ビッグウィーク（菊花賞）
・ステラヴェローチェ（神戸新聞杯、サウジアラビアRC。朝日杯FS2着他）
・オウケンサクラ（フラワーC。桜花賞2着）
・コマノインパルス（京成杯）
・クリスマス（函館2歳S）
・トロワボヌール（クイーン賞2回他）など

産駒【芝】コース・ベスト５（芝15走以上）

コース	1着	2着	3着	着外	勝率	連対率	複勝率	単回値	複回値
阪神・芝1800外	1	2	4	13	5.0%	15.0%	35.0%	14	72
中京・芝1600	2	1	2	10	13.3%	20.0%	33.3%	567	104
中山・芝1200	0	2	3	10	0.0%	13.3%	33.3%	0	102
阪神・芝1600外	3	1	0	11	20.0%	26.7%	26.7%	68	38
福島・芝1800	2	2	0	11	13.3%	26.7%	26.7%	164	68

産駒【ダート】コース・ベスト５（ダ10走以上）

コース	1着	2着	3着	着外	勝率	連対率	複勝率	単回値	複回値
新潟・ダ1200	0	1	4	6	0.0%	9.1%	45.5%	0	140
中山・ダ1200	2	3	4	24	6.1%	15.2%	27.3%	24	90
中京・ダ1800	2	0	0	8	20.0%	20.0%	20.0%	71	29
東京・ダ1400	3	1	0	21	12.0%	16.0%	16.0%	92	32
中山・ダ1800	1	0	1	14	6.3%	6.3%	12.5%	16	29

【芝】延長指数 1.0 　　【芝】短縮指数 34.5

【ダ】延長指数 46.0 　　【ダ】短縮指数 1.0

【芝】道悪指数 62.8 　　【ダ】道悪指数 85.6

★パフォーマンス指数★

牝馬／△　2歳／△　初ダート10.4％

水上の眼

こちらも道悪が狙いどころ、ただし晩成型だ

　もう高齢で、プライベート種牡馬となっており、種付け数もかなり制限されてきた。大物を出す確率は低いとは思うが、断続的に条件クラス上位馬は出せると思う。

　芝では意外なことに距離延長でほとんど買えず、ダートでは反対に距離短縮でほとんど買えない。芝の距離延長での複勝率は12.1％だが、短縮は22％、同距離は27.8％と開きがある。またダートの短縮時は【1－4－4－85】だ。ともによほど買いたい馬がいるときに押さえで買うのが妥当。

　道悪になれば、芝・ダートともに特注種牡馬と化す。特にダート道悪の指数が85.6と爆上がりする。

　牝馬はクロノジェネシスやオウケンサクラなどの出世馬がいるが、芝では率が微減程度で済んでいるものの、ダートの性差がとても大きい。牡馬【10－11－12－150】に対し、牝馬は【1－2－4－69】で、複勝率は約2倍だ。

　2歳馬の成績も低めといっていい。勝率で見ると、2歳が4.7％、3歳でも4.6％で、4歳になると13％といきなりハネ上がるほど晩成種牡馬なのだ。

　初ダートもあまり振るわない。得意の道悪での初ダートだったとしても【0－0－1－7】であり、見送りが賢明だ。

種牡馬 59 パドトロワ

現役時成績

ミスタープロスペクター系・フォーティナイナーライン

● 2007 年生。通算 35 戦 9 勝。2022 年死亡。

キーンランドC、アイビスサマーダッシュ、函館スプリントS。

スプリンターズS 2着。サマースプリント王者。

主な産駒

・ダンシングプリンス（カペラS、JBCスプリント、リヤドダートスプリント他）
・エムティアン
・シゲルキンセイ
・パドカトル
・ヒヤなど
★地方競馬ではハチキンムスメなど

産駒【芝】コース・ベスト5（芝5走以上）※馬券対象は3コースのみ

コース	1着	2着	3着	着外	勝率	連対率	複勝率	単回値	複回値
新潟・芝1200	0	1	0	4	0.0%	20.0%	20.0%	0	96
函館・芝1200	0	1	1	9	0.0%	9.1%	18.2%	0	180
小倉・芝1200	0	1	1	18	0.0%	5.0%	10.0%	0	17
福島・芝1200	0	0	0	9	0.0%	0.0%	0.0%	0	0
中京・芝1400	0	0	0	6	0.0%	0.0%	0.0%	0	0

産駒【ダート】コース・ベスト5（ダ10走以上）

コース	1着	2着	3着	着外	勝率	連対率	複勝率	単回値	複回値
中京・ダ1200	1	1	3	16	4.8%	9.5%	23.8%	11	238
福島・ダ1150	1	1	1	10	7.7%	15.4%	23.1%	9	50
中山・ダ1200	5	1	3	31	12.5%	15.0%	22.5%	37	57
新潟・ダ1200	2	1	1	14	11.1%	16.7%	22.2%	22	38
阪神・ダ1200	1	1	1	22	4.0%	8.0%	12.0%	15	28

126

【芝】延長指数	0	【芝】短縮指数	1.0
【ダ】延長指数	69.5	【ダ】短縮指数	78.0
【芝】道悪指数	0	【ダ】道悪指数	33.9

★パフォーマンス指数★

牡馬/△　2歳/◎　初ダート7.7%

水上の眼

父とまったく違う産駒、ダートの距離変更で買い

　まだ二世代の産駒だが、とても偏りのある種牡馬成績となっていて興味深い。自身は芝のトップスプリンターだったが、産駒の芝成績はとても低い。距離延長で18戦オール4着以下、よさそうな距離短縮でも【1－0－0－17】とサッパリだ。

　反対にダートでは距離延長、短縮ともにとても高い指数をマークしていて、距離を変更してきたときには確実に狙いたい。

　道悪になっても芝はダメ。ダートも、道悪だと良馬場よりパフォーマンスが下がる傾向にある。

　牡馬の成績は△どころか×でもいいくらい。これほど性差が大きな種牡馬は他にないと断言できる。

　芝で【1－3－0－91】、ダートでも【0－1－0－49】と全滅に近いのだ。早世し世代数も少ないので、しばらくは継続すると思うが、それにしても現状が極端だ。

　2歳戦は、芝で【1－2－2－21】、3歳以上【0－1－0－59】であり、そもそも2歳馬以外は芝をこなせないと見ていい。

　またダートでは、2歳馬は勝率こそやや低いが、連対率は23.8%あってかなり高い。

　一方、初ダートの変わり身は【0－0－1－12】で、ほとんど期待できない。

ビーチパトロール

現役時成績

ミスタープロスペクター系・キングマンボライン

● 2013 年生。通算 19 戦 5 勝（米国）。ターフクラシックＳ（芝 2400 ｍ）、アーリントンミリオン（芝 2000 ｍ）、セクレタリアトＳ（芝 2000 ｍ）。ＢＣターフ（芝 2400 ｍ）2着。日本で種牡馬入り。

主な産駒

- シーウィザード
- サイモンコーラル
- ウインエタンセル
- タリア
- モズロックンロールなど

産駒【芝】コース・ベスト5（芝5走以上）

コース	1着	2着	3着	着外	勝率	連対率	複勝率	単回値	複回値
函館・芝1800	1	1	1	3	16.7%	33.3%	50.0%	148	131
札幌・芝1800	1	1	2	6	10.0%	20.0%	40.0%	45	44
福島・芝1200	2	0	0	5	28.6%	28.6%	28.6%	437	77
新潟・芝1800外	0	2	0	6	0.0%	25.0%	25.0%	0	92
中京・芝2000	0	0	2	7	0.0%	0.0%	22.2%	0	51

産駒【ダート】コース・ベスト5（ダ5走以上）

コース	1着	2着	3着	着外	勝率	連対率	複勝率	単回値	複回値
札幌・ダ1700	0	2	1	2	0.0%	40.0%	60.0%	0	98
阪神・ダ1400	1	0	1	6	12.5%	12.5%	25.0%	28	30
小倉・ダ1700	0	0	1	4	0.0%	0.0%	20.0%	0	52
東京・ダ1600	0	0	2	10	0.0%	0.0%	16.7%	0	239
福島・ダ1700	0	1	0	7	0.0%	12.5%	12.5%	0	56

【芝】延長指数 **68.0** 【芝】短縮指数 **37.0**

【ダ】延長指数 **65.0** 【ダ】短縮指数 **30.5**

【芝】道悪指数 **86.7** 【ダ】道悪指数 **33.8**

★パフォーマンス指数★

牝馬/○　2歳/○　初ダート8.7％

水上の眼

パワータイプならではの芝の道悪上手

　距離変化については、非常にわかりやすい種牡馬である。パフォーマンス指数をご覧のように、芝もダートも距離延長時に大きく数値を上げている。

　また、血統はダート中距離系のラインだけで固めていて、完全にパワーシフトだ。

　それを反映して、まず芝の道悪をかなり得意とし、ダートの道悪は苦手。芝なら重・不良向き、ダートは良馬場でこそのタイプ。つまり、スピード面でかなり見劣ると断言していいだろう。

　それだけに、リーディング上位に上がる種牡馬にはなり得ないし、クラシックホースを出すことも難しいと思う。

　しかし、反対に馬券という意味ではありがたい存在なのではないか。前記のようにハマる条件のときに人気が下がっていたら、格好の穴種牡馬となる。

　牝馬も牡馬と互角の成績、また2歳時の数字も、他の種牡馬より高くはないが、自身の他年齢の産駒と比べると大きな差はない。

　初ダート時は【0－1－1－21】で、ダート総合よりもさらに複勝率が下がる。あまり期待はできない。もっとも、慣れれば変わることはあるだろうが……。

種牡馬 61 ビッグアーサー

現役時成績

プリンスリーギフト系・サクラバクシンオーライン

● 2011 年生。通算 15 戦 8 勝。

高松宮記念（レコード勝ち）、セントウル S。

北九州記念 2 着、京阪杯 2 着。

4 歳デビューと大きく遅れたが、破竹の 5 連勝でオープン入り。しかし賞金不足のため、無理使いのローテが後々たたり、重賞は上記の 2 つしか勝てなかった。

主な産駒

・トウシンマカオ（京阪杯。京王杯 2 歳 S 2 着）
・ブトンドール（函館 2 歳 S。ファンタジー S 2 着）
・ビッグシーザー（マーガレット S、中京 2 歳 S 他）
・イコサン
・クリノマジン
・グランアリエル
・グットディール
・ウインモナークなど

産駒【芝】コース・ベスト 5（芝 20 走以上）

コース	1着	2着	3着	着外	勝率	連対率	複勝率	単回値	複回値
阪神・芝1200	5	3	5	13	19.2%	30.8%	50.0%	105	115
函館・芝1200	6	6	7	29	12.5%	25.0%	39.6%	65	83
福島・芝1200	9	6	5	39	15.3%	25.4%	33.9%	46	98
中京・芝1200	5	0	5	21	16.1%	16.1%	32.3%	185	82
小倉・芝1200	8	10	4	61	9.6%	21.7%	26.5%	96	67

産駒【ダート】コース・ベスト 5（ダ 20 走以上）

コース	1着	2着	3着	着外	勝率	連対率	複勝率	単回値	複回値
阪神・ダ1400	3	1	3	22	10.3%	13.8%	24.1%	32	44
新潟・ダ1200	2	1	4	27	5.9%	8.8%	20.6%	14	41
中山・ダ1200	2	3	6	50	3.3%	8.2%	18.0%	28	47
中京・ダ1400	1	2	2	25	3.3%	10.0%	16.7%	28	48
阪神・ダ1200	3	1	2	33	7.7%	10.3%	15.4%	95	75

【芝】延長指数 **14.0** 【芝】短縮指数 **60.5**

【ダ】延長指数 **25.5** 【ダ】短縮指数 **44.0**

【芝】道悪指数 **49.0** 【ダ】道悪指数 **70.2**

★パフォーマンス指数★

牝馬/△　2歳/○　初ダート10.3%

水上の眼

芝短縮とダートの道悪でパフォーマンスアップ！

　サクラバクシンオーにキングマンボという配合で、父のスピードと母方のパワーが打ち消し合うことを懸念していたが、ここまでは個人的に、想定していた以上の種牡馬成績を収めていると感じる。

　距離延長では、芝もダートもかなり成績を落とす。反対に芝では、距離短縮でパフォーマンスを上げる傾向がある。

　芝の道悪は良馬場同様に走れると見ていいが、ダートの道悪になるとかなりパフォーマンスを上げてくる。

　性差はハッキリ出る種牡馬で、芝では牡馬の勝率12.3%、連対率21.4%、複勝率27.9%に対し、牝馬は勝率3.0%、連対率6.4%、複勝率10.4%と大きく開く。

　ダートでは牡馬の勝率6.9%、連対率13.7%、複勝率21.7%に対し、牝馬はそれぞれ4.7%、10.7%、複勝率22.3%だ。芝ほどではないが、勝率と連対率はやはり牡馬が上、複勝率はわずかに逆転するものの、ほぼ同じと見ていい。

　なお初ダートにおいては、短距離指向型種牡馬だけに中山ダート1200mで迎えるケースも多いのだが、【0－0－0－15】とまったく走れない。

種牡馬 62 ファインニードル

現役時成績

ミスタープロスペクター系・フォーティナイナーライン

● 2013 年生。通算 28 戦 10 勝。ＪＲＡ最優秀短距離馬。

スプリンターズＳ、高松宮記念、セントウルＳ２回、シルクロードＳ。

生粋のスプリンターとして、ＧⅠからＧⅢまで短距離路線で活躍。一方、重賞では１着でなければ４着以下と、極端な傾向があった。

ゴドルフィンの所有だったのでダーレー・ジャパンで種牡馬入り。

主な産駒

- カルチャーデイ（ファンタジーS）
- クルゼイロドスル
- ウメムスビ
- トレンディスター
- ダンシングニードル
- スカイキャンバス
- エイシンフェンサー
- ダンシングニードルなど

産駒【芝】コース・ベスト５（芝５走以上）

コース	1着	2着	3着	着外	勝率	連対率	複勝率	単回値	複回値
新潟・芝1000	3	1	0	2	50.0%	66.7%	66.7%	130	96
札幌・芝1200	2	0	1	3	33.3%	33.3%	50.0%	151	61
中京・芝1400	0	1	1	3	0.0%	20.0%	40.0%	0	194
中山・芝1600	1	1	0	4	16.7%	33.3%	33.3%	58	60
新潟・芝1200	1	1	0	4	16.7%	33.3%	33.3%	41	56

産駒【ダート】コース・ベスト５（ダ５走以上）

コース	1着	2着	3着	着外	勝率	連対率	複勝率	単回値	複回値
小倉・ダ1700	0	1	1	3	0.0%	20.0%	40.0%	0	58
小倉・ダ1000	0	0	2	3	0.0%	0.0%	40.0%	0	56
東京・ダ1600	0	1	0	4	0.0%	20.0%	20.0%	0	206
中山・ダ1200	1	2	0	15	5.6%	16.7%	16.7%	15	26
阪神・ダ1400	0	1	1	10	0.0%	8.3%	16.7%	0	70

【芝】延長指数 1.0　　【芝】短縮指数 53.0

【ダ】延長指数 45.0　　【ダ】短縮指数 49.5

【芝】道悪指数 70.1　　【ダ】道悪指数 61.3

★パフォーマンス指数★

牝馬/◎　2歳/○　初ダート20.8％

水上の眼

芝もダートも道悪で走る、初ダートも狙えるぞ

　芝・ダート双方をこなすエンドスウィープのラインだけあって、この馬も産駒に同様の傾向を伝えている。しかも、ほぼ同時期に種牡馬となった同父系のレッドファルクスの産駒より、スピード面では優れている印象だ。

　それだけに、芝で距離を延ばしたときはかなり割り引ける。そもそも前走と同距離を走ったときの複勝率が36.7％もあり、これが一番信頼できる。

　なおダートでは、距離変化でもそれほど能力は減殺されないことがパフォーマンス指数からわかる。

　道悪は芝・ダートともに大歓迎のクチだ。もちろんまだ世代数が少ないから、いろいろなタイプの産駒が今後出てくるとは思うが、当面は道悪で思い出したい種牡馬だ。

　牝馬が優位で、芝の牡馬の連対率14.3％、複勝率19.0％に対し、牝馬は連対率25.9％、複勝率37.0％と圧倒している。ダートでも、勝率、連対率は2～3ポイント程度、牝馬のほうが高い。

　2歳から走るが、ただダートだけは【0－1－1－26】でかなり望み薄。ダートで買うなら3歳以降だ。

　そして、初ダートの複勝率は高めで、【4－0－1－19】、単勝回収値は133円あり狙い目だ。

現役時成績

ヘイロー系・サンデーサイレンスライン

● 2001 年生。22 戦 3 勝。

スプリングS。

皐月賞でレース中に屈腱炎を発症し、長期休養となってしまったのが惜しまれる。

スプリングSでの卓越した瞬発力を見るに、もし無事だったら間違いなくGⅠは勝てていた。

ディープインパクトの全兄。

主な産駒

・キタサンブラック（有馬記念、菊花賞、天皇賞・春2回、天皇賞・秋、宝塚記念、大阪杯、スプリングS他）
・フェーングロッテン（ラジオNIKKEI賞。金鯱賞2着、鳴尾記念2着）
・マイネルフロスト（毎日杯。ダービー3着）
・テイエムイナズマ（デイリー杯2歳S）
・ライジングリーズン（フェアリーS）など。

産駒【芝】コース・ベスト5（芝30走以上）

コース	1着	2着	3着	着外	勝率	連対率	複勝率	単回値	複回値
福島・芝1800	5	5	0	21	16.1%	32.3%	32.3%	177	126
阪神・芝1800外	2	3	5	26	5.6%	13.9%	27.8%	127	104
中京・芝2000	3	6	5	43	5.3%	15.8%	24.6%	79	54
函館・芝1200	3	3	4	31	7.3%	14.6%	24.4%	51	72
小倉・芝1800	2	2	7	36	4.3%	8.5%	23.4%	10	62

産駒【ダート】コース・ベスト5（ダ20走以上）

コース	1着	2着	3着	着外	勝率	連対率	複勝率	単回値	複回値
阪神・ダ2000	8	3	2	10	34.8%	47.8%	56.5%	134	121
阪神・ダ1200	3	3	7	24	8.1%	16.2%	35.1%	41	158
函館・ダ1700	4	2	4	24	11.8%	17.6%	29.4%	77	64
京都・ダ1800	5	2	4	29	12.5%	17.5%	27.5%	144	94
東京・ダ1400	2	4	7	37	4.0%	12.0%	26.0%	33	85

【芝】延長指数 **14.0**　【芝】短縮指数 **36.5**

【ダ】延長指数 **31.0**　【ダ】短縮指数 **40.0**

【芝】道悪指数 **53.0**　【ダ】道悪指数 **50.0**

★パフォーマンス指数★

牝馬/△　2歳/○　初ダート14.1%

水上の眼

偉大な弟と息子の陰で……ローカルの芝が主戦場

　偉大なる全弟ディープインパクトのために、その代用種牡馬的な位置が長く続いた。だが、キタサンブラックの登場に加え、弟が先に死亡したために、よい繁殖が回ってくる……かと思いきや、それほどの地位上昇は見られなかった。

　高齢にさしかかっていること、歴史的名馬である息子のキタサンが種牡馬としても成功したことなどの理由から、どうやらこのまま一発だけ大ホームランを打ったB級種牡馬として終わりそうだ。

　特筆すべき得意コースは、左ページのデータからもわかるように阪神ダート2000m。そして芝の複勝率上位5つの中に、4大主場のコースはひとつしかない。

　距離を変化させた際は、延長、短縮ともに、芝でもダートでもパフォーマンスは落ちてくる。個人的に意外だったのは、芝の距離延長での低調ぶりだ。

　また道悪は、芝もダートも得意とはいえないまでも気にしない。

　牝馬は、すべての率で芝もダートも2〜4ポイント程度下がる。確かに代表産駒の多くは牡馬だ。

　2歳戦は芝なら○、ダートだと△に近い。

　初ダートは複勝率14.1%ならまずまずなのだが、ダート1600mでの初ダートは【1−0−0−9】、1700mでの初ダートは【1−0−0−22】と期待しづらい。

現役時成績

サドラーズウェルズ系・ガリレオライン

● 2008年生。14戦14勝（英国）。
２年連続欧州年度代表馬、最優秀２歳牡馬。

英2000ギニー（芝1600m）、デューハーストS（芝1400m）、チャンピオンS（芝2000m）、インターナショナルS（芝2100m）、サセックスS２回（芝1600m）他。

計GI10勝。クイーンアンSでの11馬身差は、欧州競馬史上最大の圧勝劇といわれた。

主な産駒

・ソウルスターリング（オークス、阪神JF、チューリップ賞。桜花賞3着他）
・モズアスコット（安田記念、フェブラリーS、根岸S。マイラーズC2着、スワンS2着他）
・グレナディアガーズ（朝日杯FS、阪神C）
★海外ではアルピニスタ（凱旋門賞他）、アダイヤー（英ダービー他）、ハリケーンラン（愛ダービー）などGI馬多数

産駒【芝】コース・ベスト５（芝10走以上）

コース	1着	2着	3着	着外	勝率	連対率	複勝率	単回値	複回値
札幌・芝1200	2	3	4	7	12.5%	31.3%	56.3%	31	195
中京・芝2000	1	4	4	5	9.1%	45.5%	54.5%	1056	406
中京・芝1400	3	4	1	8	18.8%	43.8%	50.0%	98	86
阪神・芝1400	2	2	2	7	15.4%	30.8%	46.2%	51	72
函館・芝1200	2	3	1	8	14.3%	35.7%	42.9%	39	70

産駒【ダート】コース・ベスト５（ダ５走以上）

コース	1着	2着	3着	着外	勝率	連対率	複勝率	単回値	複回値
阪神・ダ1800	1	2	2	2	14.3%	42.9%	71.4%	147	301
小倉・ダ1700	2	0	0	7	22.2%	22.2%	22.2%	120	38
中京・ダ1800	1	0	0	5	16.7%	16.7%	16.7%	103	41
阪神・ダ1400	0	0	1	10	0.0%	0.0%	9.1%	0	17
中京・ダ1400	0	0	1	8	0.0%	0.0%	11.1%	0	33

【芝】延長指数 97.0 【芝】短縮指数 63.5

【ダ】延長指数 18.0 【ダ】短縮指数 21.5

【芝】道悪指数 37.6 【ダ】道悪指数 67.5

★パフォーマンス指数★

牝馬/○　2歳/◎　初ダート15.8％

水上の眼

芝の距離変更と2歳戦で無双の活躍

　現役時の成績からもおわかりのように、間違いなく2010年代前半の欧州最強馬であった。そして種牡馬としても偉大で、左ページの紙幅の都合で挙げられなかった大レース勝ち馬はゴマンといる。23年の凱旋門賞では孫世代のエースインパクトが勝ち（引退→種牡馬入り）、直接の産駒が2、3着と我が世の春を謳歌している。

　産駒が芝中心となるのは当然で、日本の芝でも距離については条件不問なのだが、特に延長時のパフォーマンスの上げ方が著しい。例えば、ソウルスターリングが桜花賞（1600m）3着→オークス（2400m）1着。グレナディアガーズが未勝利（1400m）1着→朝日杯FS（1600m）1着、といった具合だ。

　なお、距離延長時の複勝率は約4割に達し単勝回収値116円、複勝回収値はさらに上がり118円となる。短縮でもアップが目立っていて、こちらも複勝回収値で111円だ。

　反対に、ダートは延ばしても縮めても不振である。

　意外だったのは道悪だ。芝の道悪はいかにも走れそうに思えるのだが、パフォーマンス指数は37.6と大幅に下がる。

　反対にダートが67.5と高いが、これはサンプルも少ないためで、今後もこの数値が継続されるかはわからない。解釈としてはダート苦手といっても、道悪なら現状、軽く見ないほうがいいと捉えたい。

　多くの産駒は2歳からガンガン走れる。芝では【7－7－8－29】、複勝率はなんと43.1％だ。そして初ダートも意外と走れるので要注意。

現役時成績

ロベルト系・ブライアンズタイムライン

● 2004 年生。通算 39 戦 11 勝。地方競馬の年度代表馬を 4 回受賞。

ジャパンダートダービー、帝王賞 2 回、川崎記念、全日本 2 歳優駿、かしわ記念他。

フェブラリーＳ 2 着、東京ダービー 2 着、ＪＢＣクラシック 2 着、帝王賞 2 着、東京大賞典 2 着他。

地方競馬で 2 歳時から 8 歳まで活躍し、ＪＲＡでもＧⅠ連対を果たした傑物だった。

主な産駒

・クロジシジョー
・アッティーヴォ
・エイコーン
・テルペリオン
・タイキフェルベールなど
★地方ではヒカリオーソ、グランモナハートなど

産駒【芝】コース・ベスト５（芝２走以上）※馬券対象コースはなし

コース	1着	2着	3着	着外	勝率	連対率	複勝率	単回値	複回値
中京・芝2000	0	0	0	2	0.0%	0.0%	0.0%	0	0
福島・芝1200	0	0	0	4	0.0%	0.0%	0.0%	0	0
東京・芝1800	0	0	0	5	0.0%	0.0%	0.0%	0	0
新潟・芝1600外	0	0	0	4	0.0%	0.0%	0.0%	0	0
阪神・芝1400	0	0	0	3	0.0%	0.0%	0.0%	0	0

産駒【ダート】コース・ベスト５（ダ20走以上）

コース	1着	2着	3着	着外	勝率	連対率	複勝率	単回値	複回値
阪神・ダ1200	2	5	7	20	5.9%	20.6%	41.2%	44	126
阪神・ダ1800	3	4	2	26	8.6%	20.0%	25.7%	30	76
中京・ダ1200	1	1	3	15	5.0%	10.0%	25.0%	38	67
中山・ダ2400	1	3	1	16	4.8%	19.0%	23.8%	16	50
新潟・ダ1200	2	1	2	18	8.7%	13.0%	21.7%	31	47

【芝】延長指数 0 　　　【芝】短縮指数 0

【ダ】延長指数 5.5 　　【ダ】短縮指数 6.5

【芝】道悪指数 0 　　　【ダ】道悪指数 49.7

★パフォーマンス指数★

牝馬/△　2歳/△　初ダート10.0%

水上の眼

ダートでも距離変更は大の苦手

　驚くほど極端な産駒傾向を持つ種牡馬だ。期間内の芝成績は【0－0－1－42】で、距離延長短縮では3着以内ゼロ。

　ならば自身の現役時の成績からダートこそ……と思うのだが、距離延長、短縮での指数はごくごく小さい。つまり、ダートでは前走と同距離のときにこそ買うべき種牡馬といえる。同距離時の複勝率24.2％、延長時は11.1％、短縮時は12.0％だ。

　勝ち鞍の大半は未勝利戦と1勝クラス。距離適性は個々の馬により分かれる。

　ダートの道悪の指数は、ほぼ50に近いので、良馬場時のパフォーマンスは維持できている。

　そして牝馬は成績が下がる。ダートでの勝率3.5％、連対率6.6％、複勝率12.0％に対し、牡馬はそれぞれ6.4％、12.6％、19.4％であり、かなり差がある。

　2歳戦も苦手といえるだろう。3、4歳の勝率がそれぞれ7％前後あるのに対し4.9％、連対率は3、4歳のそれぞれ半分弱となる7.3％しかない。

　初ダートはいかにもよさそうに思えるが【0－0－1－9】とむしろ悪い。そもそもフリオーソ産駒を芝で下ろしたということは、この血でありながらパワー不足かも……と判断されたわけだから。

種牡馬 66 ベーカバド

現役時成績

ダンチヒ系・グリーンデザートライン
● 2007 年生。通算 11 戦 6 勝（仏国、米国）。

パリ大賞典（芝 2400 m）、ニエル賞（芝 2400 m）他。

ＢＣターフ（芝 2400 m）3 着、凱旋門賞（芝 2400 m）4 着。

主な産駒

・アップクォーク
・ダブルシャープ（ブリーダーズゴールドＣ2着、札幌2歳Ｓ3着）
・ハングリーベン
・タイセイアベニール
・エネスク
・フィールシンパシーなど
★障害ではビレッジイーグルなど
★地方ではシンボ、モリノブレイクなど

産駒【芝】コース・ベスト５（芝10走以上）

コース	1着	2着	3着	着外	勝率	連対率	複勝率	単回値	複回値
小倉・芝1800	2	2	0	8	16.7%	33.3%	33.3%	60	47
小倉・芝2000	1	1	1	7	10.0%	20.0%	30.0%	41	68
阪神・芝1800外	0	1	2	8	0.0%	9.1%	27.3%	0	57
新潟・芝1200	0	2	1	9	0.0%	16.7%	25.0%	0	118
小倉・芝1200	1	1	4	19	4.0%	8.0%	24.0%	12	77

産駒【ダート】コース・ベスト５（ダ10走以上）

コース	1着	2着	3着	着外	勝率	連対率	複勝率	単回値	複回値
福島・ダ1700	3	1	2	6	25.0%	33.3%	50.0%	70	100
中山・ダ1800	2	4	4	40	4.0%	12.0%	20.0%	13	67
新潟・ダ1800	1	1	0	9	9.1%	18.2%	18.2%	90	42
東京・ダ1600	0	2	4	27	0.0%	6.1%	18.2%	0	48
中山・ダ1200	3	1	1	31	8.3%	11.1%	13.9%	62	254

【芝】延長指数 **28.5** 【芝】短縮指数 **12.5**

【ダ】延長指数 **66.5** 【ダ】短縮指数 **44.0**

【芝】道悪指数 **52.4** 【ダ】道悪指数 **42.4**

★パフォーマンス指数★

牝馬/△　2歳/△　初ダート8.0%

水上の眼

不良馬場での人気薄激勝に期待したい

　なかなか買いどころが難しい種牡馬だが、芝の場合は基本的にはローカル向き。ダートは短距離がダメなわけではないが、下級条件の中距離が走りどころだ。

　芝で前走と距離を変えてきた場合は、大きくパフォーマンスを下げるようだ。前走と同距離の連対率は15%あるのだが、短縮、延長ともに、この半分程度となっている。

　ダートでは距離延長で能力発揮の機会が広がる。パフォーマンス指数は66.5を示し、単勝回収値も102円ある。反対に、短縮した場合はやや走りが下がる。

　芝の道悪は少し上積みがある。ダートの道悪は反対にパフォーマンスが下がるが、不良馬場だけは【4－1－0－29】で単勝回収値156円あり、人気薄が勝ち切るケースが出ている。ダートでは、かなり雨が降ると逆に時計がかかりだすケースがあるので、水が浮くような馬場になれば一考したい。

　牝馬の場合、芝では牡馬と差はそれほどないが、ダートは牝馬が極端に下がり、【0－3－3－63】となっている。

　仕上がりは基本的に遅い。なお初ダートでの複勝率は低く、【1－0－1－23】だ。

種牡馬 67 ヘニーヒューズ

現役時成績

ストームキャット系・ヘネシーライン
● 2003年生。通算10戦6勝（米国）。
キングズビショップS（ダ1400m）、
ヴォスバーグS（ダ1200m）。
BCジュヴェナイル（ダ1700m）2着、
シャンペンS（ダ1600m）2着。
3歳一杯で引退。米国、オーストラリ
アなどで供用後、持ち込み馬であるア
ジアエクスプレスが成功したため、輸
入されて優駿スタリオンで繋養される
ことに。

主な産駒

・アジアエクスプレス（朝日杯FS、
レパードS）
・モーニン（フェブラリーS、根
岸S他）
・ワイドファラオ（ニュージーラン
ドT、ユニコーンS、かしわ記念）
・フルデプスリーダー（エルムS）
・セキフウ（エルムS）
・ペリエール（ユニコーンS）
・ゼルトザーム（函館2歳S）な
ど重賞勝ち馬多数
★海外ではビホルダー（BCディ
スタフ2回他）など

産駒【芝】コース・ベスト5（芝15走以上）

コース	1着	2着	3着	着外	勝率	連対率	複勝率	単回値	複回値
函館・芝1200	2	6	1	12	9.5%	38.1%	42.9%	177	108
阪神・芝1400	2	4	3	18	7.4%	22.2%	33.3%	36	68
小倉・芝1200	2	0	3	29	5.9%	5.9%	14.7%	63	53
札幌・芝1200	0	1	1	13	0.0%	6.7%	13.3%	0	48
阪神・芝1200	0	0	2	13	0.0%	0.0%	13.3%	0	46

産駒【ダート】コース・ベスト5（ダ100走以上）

コース	1着	2着	3着	着外	勝率	連対率	複勝率	単回値	複回値
東京・ダ1600	30	33	30	173	11.3%	23.7%	35.0%	50	95
中京・ダ1200	12	15	11	76	10.5%	23.7%	33.3%	57	102
中山・ダ1800	19	20	18	117	10.9%	22.4%	32.8%	71	72
阪神・ダ1200	18	25	15	131	9.5%	22.8%	30.7%	78	67
東京・ダ1400	29	28	27	192	10.5%	20.7%	30.4%	69	90

【芝】延長指数 6.0 【芝】短縮指数 32.5

【ダ】延長指数 49.5 【ダ】短縮指数 74.5

【芝】道悪指数 45.8 【ダ】道悪指数 36.7

★パフォーマンス指数★

牝馬／○　2歳／◎　初ダート34.1%

水上の眼

砂の帝王種牡馬、距離短縮＆初ダートが美味！

　日本供用後の産駒が対象。今や日本最高のダート種牡馬に君臨、また産駒もアジアエクスプレスを筆頭に種牡馬として成功し始めている。

　芝でも走れる産駒は少なくないが、前走より距離延長ではかなり厳しい。【2－1－2－63】で複勝率でも7.4％しかない。左ページのデータからもわかるように、芝の好走コースの大半はスプリントの舞台なのだから当然だ。

　距離短縮の場合だと延長よりはマシだが、それでも指数は32.5とかなり低い。

　ダートでも、距離延長時は通常とほぼ同じレベルで、パフォーマンスはそれほど目立たない。ただ、ダートは1800mまでなら対応は十分可能だ。

　そして、勝負はやはりダートの距離短縮時で、指数は74.5とかなり高く、複勝率も31.9％ある。

　道悪は芝ではそれほど大きく落ちないが、ダートは意外にも指数36.7と低い。良馬場、稍重馬場では複勝率が30.9％あり、重・不良馬場では22％前後に落ちることからも明らかだ。

　仕上がりは早く、2歳馬は特にダートでよく走る。連対率で3割超えの30.3％、複勝率は42.1％で回収値も105円ある。

　初ダート時は複勝率がダート総合より5ポイント上がり、34.1％の高さだ。【2－6－7－29】である。

現役時成績

ミスタープロスペクター系・キングマンボライン

● 2008 年生。通算 18 戦 6 勝。ＪＲＡ最優秀ダート馬。

ジャパンＣダート、武蔵野Ｓ。

ダービー 3 着、フェブラリーＳ 3 着。

4 歳で骨折し長期休養。復帰後は脚の負担軽減のためダートへ転向し大成功を収めた。

主な産駒

・シャイニーロック（リゲルS）

・ナリタフォルテ

・アズユーフィールなど

★地方競馬ではグランコージー、ピアノマンなど

産駒【芝】コース・ベスト5（芝2走以上）

コース	1着	2着	3着	着外	勝率	連対率	複勝率	単回値	複回値
阪神・芝1600外	2	0	1	3	33.3%	33.3%	50.0%	740	281
阪神・芝2400外	1	0	1	2	25.0%	25.0%	50.0%	450	135
札幌・芝1500	1	0	0	1	50.0%	50.0%	50.0%	620	215
京都・芝2000	0	0	1	1	0.0%	0.0%	50.0%	0	190
東京・芝1400	0	2	0	3	0.0%	40.0%	40.0%	0	430

産駒【ダート】コース・ベスト5（ダ15走以上）

コース	1着	2着	3着	着外	勝率	連対率	複勝率	単回値	複回値
京都・ダ1800	0	4	1	14	0.0%	21.1%	26.3%	0	76
函館・ダ1700	0	2	3	14	0.0%	10.5%	26.3%	0	87
東京・ダ1600	2	3	5	29	5.1%	12.8%	25.6%	22	47
小倉・ダ1700	3	5	4	35	6.4%	17.0%	25.5%	64	191
東京・ダ1400	2	1	4	29	5.6%	8.3%	19.4%	24	32

【芝】延長指数 **74.5** 【芝】短縮指数 **32.5**

【ダ】延長指数 **55.0** 【ダ】短縮指数 **56.5**

【芝】道悪指数 **48.7** 【ダ】道悪指数 **51.6**

★パフォーマンス指数★

牝馬/△　2歳/△　初ダート12.0%

水上の眼

芝の延長時に意外なストロングポイント

　成功例の多いキングカメハメハ系種牡馬の中では地味で、一流馬を出せずにいる。

　そもそも産駒は当初からダート向きと思われているため、芝での出走数自体が少なく、どこまで信頼していいかはわからないところもあるのだが、芝での距離延長時のパフォーマンスがかなり高い。

　自身が現役時に、ダービーでも上位に入っていたあたりに、その素地はうかがえる。単勝回収値134円、複勝回収値も111円あり、芝で買いたいときは、延長時に限ってもいいかもしれない。

　本領のダートでは、距離の変化にはほとんど影響されない。むしろ少し指数が50を超えてくる。

　道悪でも、芝・ダートともにパフォーマンスはあまり影響を受けない。

　面白いのは芝での性差だ。牡馬が【5－7－8－61】に対し、牝馬はなんと【0－1－0－47】なのだ。

　なお、ダートの場合の牡牝は互角となる。

　仕上がりは遅く、2歳戦の複勝率は9.7％しかない。

　初ダートも複勝率12.0％で総合より5ポイント以上下がっており、あまり目立たない。着度数では【0－1－2－22】と厳しい成績だ。ただし、あくまで初ダートがダメというだけで、経験すれば変わる馬も珍しくない。

種牡馬 69 ホッコータルマエ

現役時成績

ミスタープロスペクター系・キングマンボライン

● 2009 年生。通算 39 戦 17 勝。ＪＲＡ最優秀ダート馬。

チャンピオンズＣ、アンタレスＳ、レパードＳ、東京大賞典2回、帝王賞2回、ＪＢＣクラシック、川崎記念3回、かしわ記念他。

フェブラリーＳ2着、東京大賞典2着、ＪＢＣクラシック2着他。

ダート中距離の大レースは完全制圧、砂王として君臨した。

主な産駒

・メイショウフンジン
・レディバグ（スパーキングレディーＣ）
・ブリッツファング（兵庫チャンピオンＳ）
・ゴライコウ
・ピュアジャッジ
・ジューンアマデウス
・キュールエフウジンなど
★地方競馬ではヒーローコール、グラッツィアなど

産駒【芝】コース・ベスト5（芝2走以上）

コース	1着	2着	3着	着外	勝率	連対率	複勝率	単回値	複回値
中山・芝1200	1	0	0	1	50.0%	50.0%	50.0%	225	100
新潟・芝1600外	0	0	1	1	0.0%	0.0%	50.0%	0	80
中山・芝1600	0	2	0	4	0.0%	33.3%	33.3%	0	103
福島・芝1200	0	1	0	5	0.0%	16.7%	16.7%	0	55
東京・芝1400	0	0	1	5	0.0%	0.0%	16.7%	0	35

産駒【ダート】コース・ベスト5（ダ30走以上）

コース	1着	2着	3着	着外	勝率	連対率	複勝率	単回値	複回値
阪神・ダ2000	7	4	2	17	23.3%	36.7%	43.3%	428	182
中京・ダ1900	5	7	4	27	11.6%	27.9%	37.2%	49	73
新潟・ダ1200	2	7	7	31	4.3%	19.1%	34.0%	93	103
札幌・ダ1700	1	6	7	29	2.3%	16.3%	32.6%	62	160
新潟・ダ1800	8	11	5	55	10.1%	24.1%	30.4%	96	96

146

牝馬／○　2歳／△　初ダート22.7％

水上の眼

ダートの距離変更、特に延長で稼ぎたい

　ダートでは次第に種牡馬の足固めをしてきた。上級で走る産駒も増えてきている。キングカメハメハ系は概して芝・ダート両方で走るものだが、この種牡馬の産駒は芝では下級でしか動いておらず、ダートへ特化しつつある。

　その芝では、出走数が少ないながら、距離延長ではほとんど期待できない。短縮でも同様だが、いくらかマシという程度。

　ダートは逆に出走の大半を占めていて、平均化しつつあるのだが、距離延長時はパフォーマンスが上がり60寸前まで達する。短縮もやや上がる。もちろん同距離が悪いわけではないが、意を強くして買えるのは距離延長時だろう。

　道悪芝は出走数が10走だけで、2着1回。判別不能とした。ダートは59.5の指数で上がる。

　牝馬については、勝率だけなら牡馬のほうが優るが、連対率、複勝率は互角である。

　2歳戦の成績は、3、4歳との比較では各率が下がる。

　初ダートは複勝率22.7％で、総合のダートの複勝率との差があまりないのだが、単勝回収値335円、複勝回収値170円あり、馬券の妙味は十分にある。

種牡馬 70 マインドユアビスケッツ

現役時成績

ヴァイスリージェント系・デピュティ
ミニスターライン

● 2005 年生。通算 25 戦 8 勝（米国）。
ドバイゴールデンシャヒーン（ダ 1200
m）2 回、マリブ S（ダ 1400 m）他。
2 回目のゴールデンシャヒーンはレコ
ード勝ち。
Ｂ Ｃ スプリント（ダ 1200 m）2 着、
メトロポリタン H（ダ 1600 m）2 着。

主な産駒

・デルマソトガケ（UAE ダービ
ー、全日本 2 歳優駿。BC クラ
シック 2 着）
・マルカラピッド（エーデルワ
イス賞）
・ショーモン（デイリー杯 2 歳 S
3 着、アーリントン C3 着）
・メイクザビート
・ホウオウビスケッツ（スプリ
ング S2 着）
・オーサムデアラーなど

産駒【芝】コース・ベスト 5（芝 5 走以上）

コース	1着	2着	3着	着外	勝率	連対率	複勝率	単回値	複回値
阪神・芝1600外	2	1	2	3	25.0%	37.5%	62.5%	126	143
中山・芝1600	2	0	2	4	25.0%	25.0%	50.0%	247	116
新潟・芝1400	1	1	0	3	20.0%	40.0%	40.0%	80	110
札幌・芝1500	1	1	1	6	11.1%	22.2%	33.3%	22	58
東京・芝1400	0	2	0	4	0.0%	33.3%	33.3%	0	175

産駒【ダート】コース・ベスト 5（ダ 20 走以上）

コース	1着	2着	3着	着外	勝率	連対率	複勝率	単回値	複回値
阪神・ダ1800	3	2	2	14	14.3%	23.8%	33.3%	76	74
東京・ダ1600	5	6	1	27	12.8%	28.2%	30.8%	62	65
阪神・ダ1400	3	4	2	21	10.0%	23.3%	30.0%	65	84
小倉・ダ1700	1	2	3	20	3.8%	11.5%	23.1%	227	120
中山・ダ1800	1	4	2	27	2.9%	14.7%	20.6%	137	67

【芝】延長指数 **71.5**　【芝】短縮指数 **61.5**

【ダ】延長指数 **55.5**　【ダ】短縮指数 **43.0**

【芝】道悪指数 **?**　【ダ】道悪指数 **59.5**

★パフォーマンス指数★

牝馬/△　2歳/◎　初ダート26.7%

水上の眼

芝の距離変更、特に延長で狙ってみたい

　まだ二世代だけなので、パフォーマンス指数が多少極端になっている点は考慮しないといけないが、それにしてもここまでは特徴豊かな指数を示している。デピュティミニスター系の個性的な存在になるのではないか。

　芝の延長は77.5で、かなり高い。短縮も61.5あって、率も同距離よりともに高い。距離を変えてきたときが芝の狙い目か。

　ダートは早くも平均化しつつあるが、距離延長がいくらか高く、短縮が下がる。

　道悪については、芝が9走だけなので判断保留としたが、その9戦で【1－1－2－5】であり、もしかしたらかなり上手い可能性がある。当面は狙ってみたい。ダートも指数は60に近く、狙いは立つし、率は不良馬場がベストだ。

　牝馬は芝もダートも、牡馬に比べると大きく下がる。芝では牡馬が勝率12.7%、連対率20.6%、複勝率27.0%に対し、牝馬は2.6%、12.8%、16.7%となる。

　ダートは連対率が牡馬20.9%、牝馬12.2%、複勝率は牡馬27.7%、牝馬15.3%で、こちらも牡馬優勢だ。

　仕上がりは早く、2歳馬からよく走る。

　初ダートは総合より高い26.7%の複勝率だ。ただし【1－3－4－22】で、勝ち切れないケースがほとんど。

現役時成績

ミスタープロスペクター系・シーキン
グザゴールドライン

● 2007 年生。通算 6 戦 4 勝（仏国、
英国）。

英 2000 ギニー（芝 1600 m）、ジャッ
クルマロワ賞（芝 1600 m）。

ジャックルマロワ賞では、当時の欧州
最強マイラー・ゴルティコヴァを破り、
祖父、父に続く三代制覇を達成した。
しかし秋に体調を崩し、3 歳一杯で引
退した。

主な産駒

・オールアットワンス（アイビ
スSD2回）
・ルーチェドーロ（函館2歳S2
着、全日本2歳優駿3着他）
・ヴァルツァーシャル
・ペイシャフェスタ
・ヴィジュネル
・ロードシュトロームなど
★海外ではメイクビリーヴ（仏
2000ギニー）、ボネヴァル（豪
オークス他）など

産駒【芝】コース・ベスト5（芝10走以上）

コース	1着	2着	3着	着外	勝率	連対率	複勝率	単回値	複回値
中京・芝1200	0	3	3	6	0.0%	25.0%	50.0%	0	155
函館・芝1200	1	4	2	10	5.9%	29.4%	41.2%	12	225
新潟・芝1000	3	0	0	9	20.0%	20.0%	40.0%	321	176
中山・芝1200	2	2	2	9	13.3%	26.7%	40.0%	228	92
中京・芝1600	3	3	0	11	17.6%	35.3%	35.3%	118	105

産駒【ダート】コース・ベスト5（ダ20走以上）

コース	1着	2着	3着	着外	勝率	連対率	複勝率	単回値	複回値
札幌・ダ1700	4	4	4	19	12.9%	25.8%	38.7%	50	84
函館・ダ1700	3	2	4	15	12.5%	20.8%	37.5%	103	75
小倉・ダ1700	5	8	3	41	8.8%	22.8%	28.1%	69	93
中京・ダ1800	3	4	2	26	8.6%	20.0%	25.7%	87	68
東京・ダ1600	9	3	8	59	11.4%	15.2%	25.3%	58	56

【芝】延長指数 **34.5** 　【芝】短縮指数 **43.0**

【ダ】延長指数 **40.5** 　【ダ】短縮指数 **51.0**

【芝】道悪指数 **78.6** 　【ダ】道悪指数 **32.3**

★パフォーマンス指数★

牝馬/○　2歳/○　初ダート21.7%

水上の眼

芝の道悪は走る、そして初ダートは穴馬に要注意！

　日本供用後の産駒が対象だ。典型的な芝・ダート兼用種牡馬で、特に芝では距離の限界がハッキリしている。1800mになると厳しいことは、左ページの好走コースデータからも明白だ。

　反対に、ダートは意外と中距離寄りである。

　芝では、距離延長、短縮ともにパフォーマンスが下がるのだが、芝で期間内487走で単純に単勝回収値104円、複勝回収値94円もある。ただし延長時は単勝回収値42円、複勝回収値79円であり、穴をあけるのは同距離か短縮時が大半だ。

　ダートは、前走と同距離時が単勝回収値107円あり、延長や短縮より高い。また距離延長時は連対率でも8.9%程度で、芝同様パフォーマンスが下がる。

　あと押さえておくべきは、芝の道悪だ。指数78.6は相当高い。しかも複勝回収値は重馬場で106円、不良馬場で112円。芝道悪は絶対にマークしたい。

　ダートの道悪は、反対に大きくパフォーマンスを下げている。

　あとは初ダート時の扱いに特徴が出る。複勝率は総合のダートと同じなのだが、単勝回収値141円、複勝回収値も121円あり、穴をあけがちだ。

　特に新潟1800m、中京1800mでの初ダートは合わせて【4－0－1－6】の高確率となる。反対に中山1200mでの初ダートは【0－0－0－10】と、ここまでは全滅している。

現役時成績

ボールドルーラー系・エーピーインディライン

● 2005年生。通算7戦2勝（米国）。
ホープフルS（ダ1400 m）。

3歳夏で早々に引退し種牡馬入り。米国供用時の持ち込み馬としては、南部杯マイルＣＳを連覇したベストウォーリアがいる。

主な産駒

・ベストウォーリア（南部杯2回、プロキオンS2回、ユニコーンS他。フェブラリーS2着、3着）
・エアアルマス（東海S）
・スマッシャー（ユニコーンS）
・サンライズホープ（みやこS、シリウスS他）
・プロミストウォリア（東海S）
など
★海外ではプリンセスオブシルマー（米オークスなどGⅠ4勝）
など

産駒【芝】コース・ベスト5（芝5走以上）

コース	1着	2着	3着	着外	勝率	連対率	複勝率	単回値	複回値
札幌・芝1800	1	0	2	2	20.0%	20.0%	60.0%	76	38
東京・芝2000	1	1	0	3	20.0%	40.0%	40.0%	100	110
中京・芝2000	1	0	4	9	7.1%	7.1%	35.7%	12	83
函館・芝1200	0	2	0	4	0.0%	33.3%	33.3%	0	38
阪神・芝1600外	3	1	2	17	13.0%	17.4%	26.1%	260	92

産駒【ダート】コース・ベスト5（ダ30走以上）

コース	1着	2着	3着	着外	勝率	連対率	複勝率	単回値	複回値
札幌・ダ1700	9	9	10	38	13.6%	27.3%	42.4%	174	144
京都・ダ1800	5	6	3	23	13.5%	29.7%	37.8%	63	80
小倉・ダ1000	1	7	4	26	2.6%	21.1%	31.6%	4	77
阪神・ダ1400	8	15	12	85	6.7%	19.2%	29.2%	25	85
函館・ダ1700	3	4	4	28	7.7%	17.9%	28.2%	64	87

【芝】延長指数 2.0　　【芝】短縮指数 1.0

【ダ】延長指数 31.0　　【ダ】短縮指数 35.0

【芝】道悪指数 70.0　　【ダ】道悪指数 57.4

★パフォーマンス指数★

牝馬/△　2歳/○　初ダート25.5％

水上の眼

本領のダートでも距離変更は苦手なタイプ

　今やダートの中核を担いつつある種牡馬の１頭。バグラダスやサウンドウォリアーのような、例外的な産駒が芝をこなしている例もあるが、あくまで本領はダートだ。

　芝の距離延長では、一応連対数は７回あるのだが、これは２頭で６回をマークしたもので、汎用はできない。パフォーマンス指数もわずか2.0だ。短縮はなお下がってしまい、マイナスに突入するがゆえの1.0。

　ダートでも、意外や距離延長、短縮ともにこの馬の平均パフォーマンスよりかなり下がる。ここまでダートで活躍しているのなら距離変化でも対応するのが普通だが、前走と同距離のほうが断然走れる。

　芝の道悪は、サンプルは少ないとはいえ指数が70あり、もし芝で買うならひとつのポイントになるかもしれない。ダートの道悪は平均よりやや上がる。

　牝馬は牡馬に比べると劣勢。特に芝では牝馬【１－５－５－133】に対し、牡馬【10－３－17－121】であり、ダートでも牡馬の複勝率27.4％に対し牝馬は19.3％だ。

　２歳からよく走り、これは芝もダートも共通。

　初ダートの複勝率は高い。距離やコースは問わないが、距離短縮での初ダートは【０－３－２－20】と勝てていない。反対に同距離、距離延長は合わせて【２－２－３－15】となっている。

種牡馬 73 ミッキーアイル

現役時成績

サンデーサイレンス系・ディープインパクトライン

● 2011 年生。通算 20 戦 8 勝。JRA最優秀短距離馬。

マイルCS、NHKマイルC、スワンS、阪急杯、シンザン記念、アーリントンC。

スプリンターズS2着、高松宮記念2着。

5歳まで故障なくスプリント～マイル路線で活躍した。

主な産駒

・メイケイエール（京王杯SC、セントウルS、チューリップ賞他）
・ナムラクレア（函館SS、キーンランドC、小倉2歳S他）
・ララクリスティーヌ（京都牝馬S）
・デュアリスト（兵庫ジュニアGP）
・シャーレイポピー
・ウィリアムバローズ（マーチS2着）
・アナゴサン
・ピンハイ（チューリップ賞2着）
など

産駒【芝】コース・ベスト5（芝30走以上）

コース	1着	2着	3着	着外	勝率	連対率	複勝率	単回値	複回値
阪神・芝1400	6	3	4	22	17.1%	25.7%	37.1%	107	108
函館・芝1200	5	3	5	23	13.9%	22.2%	36.1%	42	101
小倉・芝1200	10	5	11	74	10.0%	15.0%	26.0%	99	82
福島・芝1200	5	5	3	38	9.8%	19.6%	25.5%	56	58
阪神・芝1600外	6	1	2	32	14.6%	17.1%	22.0%	41	98

産駒【ダート】コース・ベスト5（ダ20走以上）

コース	1着	2着	3着	着外	勝率	連対率	複勝率	単回値	複回値
中山・ダ1800	6	6	5	16	18.2%	36.4%	51.5%	79	111
小倉・ダ1000	6	6	3	18	18.2%	36.4%	45.5%	404	116
中京・ダ1800	2	3	2	13	10.0%	25.0%	35.0%	29	67
中京・ダ1400	3	4	3	23	9.1%	21.2%	30.3%	27	70
小倉・ダ1700	2	3	1	14	10.0%	25.0%	30.0%	23	53

【芝】延長指数 **34.5**　【芝】短縮指数 **74.5**

【ダ】延長指数 **1.5**　【ダ】短縮指数 **20.0**

【芝】道悪指数 **90.3**　【ダ】道悪指数 **56.1**

★パフォーマンス指数★

牡馬/◎　2歳/○　初ダート25.8%

水上の眼

芝の距離短縮、道悪でザックリ儲けたい！

　ディープインパクト産駒の種牡馬の中では、距離適性が鮮明に出ているタイプで、好走は1800m以下に集中している。これは自身の母方の血統が強く遺伝していると考えられる。

　特筆すべきは、まず芝での距離短縮時の指数だ。74.5は相当のもので、連対率で23.5%、複勝率は30.1%。単勝回収値は112円、複勝回収値でも100円に達している。よほどのことがない限り買っておきたい。

　ダートの距離延長では、ほとんど買えない。短縮でも苦戦していて、ダートで買うなら前走と同距離時に絞り込みたい。勝率で14.3%、複勝率で34.3%もある。274走して単勝回収値は102円だ。

　もうひとつ、この種牡馬で特筆すべきは芝の道悪だ。指数90.3はそうそう見られない。不良馬場での複勝率41.7%、重馬場でも27.7%の複勝率で、複勝回収値は103円だ。

　芝では牝馬がとてもよく走り、牡馬よりも連対率では10ポイント近く上回る。ダートでは反対に牡馬が多少優勢だ。

　初ダートも安定している。複勝率でも25.8%と高いのだが、連対率でも21.5%もあるのだ。着度数で見ると【11－9－4－69】となっている。

種牡馬 74 モーリス

現役時成績

ロベルト系・シルヴァーホークライン
● 2011 年生。通算 18 戦 11 勝。ＪＲ
Ａ年度代表馬。

天皇賞・秋、安田記念、マイルＣＳ、
香港マイル、香港カップ、チャンピオ
ンズマイル、ダービー卿ＣＴ。

安田記念２着、札幌記念２着。

３歳までは歯がゆいレースが続いてい
たが、美浦・堀厩舎に転厩してから一
変。明け４歳の１月から翌年にかけて
破竹の７連勝。香港のＧＩも３勝し、
マイラーとして世界屈指のレベルに
あった。

主な産駒

・ピクシーナイト（スプリンター
ズＳ、シンザン記念）
・ジェラルディーナ（エリザベ
ス女王杯、オールカマー）
・ジャックドール（大阪杯、札
幌記念、金鯱賞）
・ノースブリッジ（AJCC、エ
プソムC）
・ラーグルフ（中山金杯）など
重賞勝ち多数
★海外でもヒトツ（豪ダービー
他）など重賞勝ち馬を輩出

産駒【芝】コース・ベスト５（芝40走以上）

コース	1着	2着	3着	着外	勝率	連対率	複勝率	単回値	複回値
東京・芝2000	11	8	4	24	23.4%	40.4%	48.9%	86	106
東京・芝1800	11	7	7	33	19.0%	31.0%	43.1%	73	90
小倉・芝2000	9	3	7	30	18.4%	24.5%	38.8%	240	145
中山・芝2000	9	8	6	38	14.8%	27.9%	37.7%	72	107
阪神・芝1800外	9	6	6	40	14.8%	24.6%	34.4%	75	108

産駒【ダート】コース・ベスト５（ダ30走以上）

コース	1着	2着	3着	着外	勝率	連対率	複勝率	単回値	複回値
新潟・ダ1800	7	7	2	24	17.5%	35.0%	40.0%	145	142
中京・ダ1400	7	4	3	33	14.9%	23.4%	29.8%	104	74
阪神・ダ1200	6	6	3	40	10.9%	21.8%	27.3%	54	78
東京・ダ1600	7	2	4	35	14.6%	18.8%	27.1%	87	113
中山・ダ1200	10	3	4	49	15.2%	19.7%	25.8%	263	78

【芝】延長指数 **45.5** 　【芝】短縮指数 **54.0**

【ダ】延長指数 **45.0** 　【ダ】短縮指数 **40.5**

【芝】道悪指数 **48.9** 　【ダ】道悪指数 **38.1**

★パフォーマンス指数★

牡馬／△　2歳／◎　初ダート18.5%

水上の眼

差駒は父に似ず2歳戦から狙っていける

　エピファネイアと並び、ロベルト系を継承する重要な存在となってきた。ただジャックドール、ジェラルディーナ、ピクシーナイトなどのGI馬を出してはいるが、クラシックで勝ち負けできそうな馬がまだいない。今後の課題は、この一点だろう。

　その理由として、指数を見ればなんとなくイメージが浮かんでくるのだが、平均的に優良ではあっても、突き抜けたものがないということかもしれない。

　瞬発力に欠けるうえに、パワーも高いとはいえそこまでではなく、要するにバランスが取れたタイプなのだ。ただ、母方の血で個性を補われた場合に大物が出る可能性がある。

　芝の距離延長は、指数は50を割っているが、単勝回収値は468走で106円あり、穴は出せる。

　またダートの距離短縮も、指数は40前後だが、単勝回収値は274走で114円ある。

　芝の道悪も特によくも悪くもないのだが、重馬場での複勝回収値は105円ある。なお、ダートの道悪はスピード不足を露呈するケースが多い。

　牡馬は、芝では牡馬より12ポイント近く複勝率が下がり、ダートでは8ポイント近く下がる。

　自身は晩成だったが、意外にも産駒は2歳戦からよく走り、芝もダートもすべての年齢比較で連対率、複勝率がベストとなる。

現役時成績

ボールドルーラー系・エーピーイン
ディライン

● 2013 年生。通算 17 戦 3 勝。

ＵＡＥダービー（ダ 1900 m）。

ベルモントＳ（ダ 2400 m）3 着。

国内では重賞勝ちがなかったが、海外
で活躍。ベルモントＳでは大健闘、日
本調教馬として初の北米三冠上位を記
録した。

主な産駒

・リメイク（カペラＳ、クラスター
Ｃ）
・ラニカイ
・ラブベティー
・ムーヴ
・クレメダンジュなど

産駒【芝】コース・ベスト5（芝3走以上）※馬券対象は3コースのみ

コース	1着	2着	3着	着外	勝率	連対率	複勝率	単回値	複回値
中山・芝2000	1	0	0	4	20.0%	20.0%	20.0%	144	52
東京・芝1800	0	1	0	4	0.0%	20.0%	20.0%	0	108
東京・芝1400	0	0	0	5	0.0%	0.0%	0.0%	0	0
中山・芝1600	0	0	0	3	0.0%	0.0%	0.0%	0	0
福島・芝1800	0	0	0	3	0.0%	0.0%	0.0%	0	0

産駒【ダート】コース・ベスト5（ダ10走以上）

コース	1着	2着	3着	着外	勝率	連対率	複勝率	単回値	複回値
中京・ダ1400	2	3	2	10	11.8%	29.4%	41.2%	85	58
小倉・ダ1700	3	1	1	9	21.4%	28.6%	35.7%	135	202
阪神・ダ1400	1	3	3	15	4.5%	18.2%	31.8%	14	50
福島・ダ1700	1	1	2	9	7.7%	15.4%	30.8%	31	73
新潟・ダ1800	1	2	2	12	5.9%	17.6%	29.4%	15	108

【芝】延長指数	1.0	【芝】短縮指数	0
【ダ】延長指数	21.5	【ダ】短縮指数	1.0
【芝】道悪指数	?	【ダ】道悪指数	57.7

★パフォーマンス指数★

牝馬/○　2歳/△　初ダート0%

水上の眼

芝は用なし、ダートの同距離がベター

　まだ世代数が少ないので、今後傾向が大きく動いて行く可能性はあるが、自身の現役時代の気性同様、かなりクセの強い種牡馬であることがここまではハッキリしている。

　まず芝については、【1－1－0－39】と使われるケース自体が少なく、かつ結果も出ていないのでどうしようもない。芝の延長時は連対もあり、パフォーマンス指数がマイナス突入のための1.0であり、短縮は3着以内なしでゼロとなる。

　また得意のダートにしても、距離を変化させたときは、ほとんど走れていない。

　特に短縮時はまったくダメだ。現状、ダートでは前走と同距離のときに買うのがベターである。複勝率は29.6％と高く、これは延長時より12ポイント、短縮時より16ポイントも高いのだ。

　芝の道悪はサンプルが少なすぎて判定できない。ダートの道悪はパフォーマンスがやや上がる。

　牝馬は、複勝率が牡馬より5ポイント程度上がる。また2歳戦では、ダートにしても勝率が3歳の半分程度しかない。

　意外だったのが初ダート。集計期間内では3着以内になったことがないのだ。

ラブリーデイ

現役時成績

ミスタープロスペクター系・キングマ
ンボライン

● 2010 年生。通算 33 戦 9 勝。

天皇賞・秋、宝塚記念、京都記念、京
都大賞典、鳴尾記念、中山金杯。

ジャパンC 3 着。

重賞初制覇が 5 歳の遅咲きで、戦績は
この 1 年間に集中していた。

主な産駒

・グリューネグリーン（京都 2
歳S）

・ゾンニッヒ

・ジャカランダレーン

・ラブリークイーンなど

★地方競馬ではプライルード、
エムエスドンなど

産駒【芝】コース・ベスト 5（芝15走以上）

コース	1着	2着	3着	着外	勝率	連対率	複勝率	単回値	複回値
福島・芝1200	0	3	3	11	0.0%	17.6%	35.3%	0	135
小倉・芝1800	1	5	1	13	5.0%	30.0%	35.0%	11	88
阪神・芝1600外	2	1	2	10	13.3%	20.0%	33.3%	91	121
東京・芝1800	2	0	3	15	10.0%	10.0%	25.0%	668	169
函館・芝1200	1	2	1	12	6.3%	18.8%	25.0%	21	40

産駒【ダート】コース・ベスト 5（ダ20走以上）

コース	1着	2着	3着	着外	勝率	連対率	複勝率	単回値	複回値
福島・ダ1700	2	2	5	12	9.5%	19.0%	42.9%	161	160
中京・ダ1800	1	6	2	22	3.2%	22.6%	29.0%	5	99
札幌・ダ1700	2	2	4	20	7.1%	14.3%	28.6%	152	65
新潟・ダ1800	3	2	3	21	10.3%	17.2%	27.6%	673	164
中京・ダ1400	2	2	1	17	9.1%	18.2%	22.7%	104	85

【芝】延長指数 **44.0** 【芝】短縮指数 **26.0**

【ダ】延長指数 **48.0** 【ダ】短縮指数 **48.0**

【芝】道悪指数 **95.4** 【ダ】道悪指数 **35.5**

★パフォーマンス指数★

牝馬/〇　2歳/〇　初ダート12.8％

┃水上の眼┃

距離延長で激走、芝の道悪も見逃がせない！

　キングカメハメハ系の種牡馬の中では、種付け料が高騰しているロードカナロア、あるいは意外と？　人気のリオンディーズの代替的な感じで配合牝馬を集めている印象だ。

　自身の競走成績が晩成であったこともあり、ここまでは２、３歳重賞戦線を賑わせるような馬はほとんど出せていない。

　距離短縮時は苦戦していることが上記の指数からわかるが、それ以外は50を切っているとはいえ、ほぼ水準のパフォーマンスを維持できる。

　面白いのは芝・ダートともに延長したとき。芝では単勝回収値403円、複勝回収値122円、ダートでは単勝回収値269円をマークしているのだ。芝・ダートともに、穴を出すなら延長時という傾向が強いのである。

　さらに芝の道悪の指数がなんと95.4と特筆もの。下級条件こそであるが、覚えておきたい。

　初ダート時の複勝率は12.8％と低めで、ダート総合より３ポイント下がるのだが、単勝回収値は133円あり、人気薄の変わり身が出るケースも少なくない。

　初ダートの好走コースに偏りはないが、中京1900ｍが【１－１－０－１】、福島1700ｍが【１－０－１－２】だ。また中山1800ｍでの初ダートは【０－１－０－12】と振るわない。

種牡馬 77 リアルインパクト

現役時成績

サンデーサイレンス系・ディープインパクトライン

● 2008 年生。通算 30 戦 5 勝。

安田記念、阪神C2回、ジョージライダーS（豪GI、芝1500m）。

朝日杯FS2着、ドンカスターマイル2着。

安田記念は3歳での勝利でポテンシャルの高さを示し、それをオセアニアGI制覇で証明した。豪国とのシャトルで種牡馬入り。

主な産駒

・ラウダシオン（NHKマイルC、京王杯スプリングC。富士S2着他）
・モズメイメイ（チューリップ賞、葵S）
・アルムブラスト
・エイシンチラーなど
★海外ではカウントデルビー、ルナーインパクトなどの重賞勝ち馬を輩出
★地方ではプルタオルネなど

産駒【芝】コース・ベスト5（芝20走以上）

コース	1着	2着	3着	着外	勝率	連対率	複勝率	単回値	複回値
函館・芝1200	3	2	2	13	15.0%	25.0%	35.0%	173	105
新潟・芝1600外	2	1	3	14	10.0%	15.0%	30.0%	497	120
東京・芝1600	5	5	5	39	9.3%	18.5%	27.8%	93	75
中山・芝1600	5	2	6	38	9.8%	13.7%	25.5%	179	84
小倉・芝1800	2	2	1	19	8.3%	16.7%	20.8%	63	47

産駒【ダート】コース・ベスト5（ダ20走以上）

コース	1着	2着	3着	着外	勝率	連対率	複勝率	単回値	複回値
札幌・ダ1700	2	2	5	12	9.5%	19.0%	42.9%	83	185
中京・ダ1200	5	3	1	20	17.2%	27.6%	31.0%	161	77
東京・ダ1600	4	6	5	41	7.1%	17.9%	26.8%	30	90
阪神・ダ1200	4	2	2	25	12.1%	18.2%	24.2%	290	111
新潟・ダ1800	0	0	5	16	0.0%	0.0%	23.8%	0	54

【芝】延長指数 13.5 【芝】短縮指数 64.5

【ダ】延長指数 42.5 【ダ】短縮指数 48.0

【芝】道悪指数 39.5 【ダ】道悪指数 38.7

★パフォーマンス指数★

牝馬/〇　2歳/〇　初ダート14.1%

水上の眼

一発要注意！好走コースで穴馬が走る

　ディープインパクト系種牡馬の中でもかなり個性的で、大物はあまり出せていないが、とにかく人気薄で一発のケースが多い。これは自身の現役時とも重なってくる。

　左ページの好走コースを見ても、得意とする場にまったく統一感がなく、しかも得意コースでの回収値がとても高い。まずは今回挙げたコースに出てきたときの狙い撃ちをお勧めしたい。

　芝では距離延長時は期待が薄いが、短縮時は64.5と高い指数を示していて、狙う価値がある。

　また、ダートの距離短縮時は単勝回収値145円、複勝回収値108円で人気薄の好走が目立つ。

　特に札幌の1000ｍ、1700ｍ、そして小倉の1700ｍだ。この３つのコースでの、ダート距離短縮時の合計成績（あくまで短縮時）は【4－1－4－13】と高確率で馬券圏に入ってくる。

　道悪は、芝もダートも今ひとつといったところ。

　性差はほとんどなく、年齢も問わない。

　初ダート時の複勝率は目立たないが、単勝回収値148円、複勝回収値114円あり、穴はあける。ただ好走コースは分散しているし、他のデータもバラバラで、残念ながらポイントが浮かんでこない。

リアルスティール

現役時成績

サンデーサイレンス系・ディープインパクトライン

● 2012 年生。通算 17 戦 4 勝。

ドバイターフ（芝 1800 m）、毎日王冠、共同通信杯。

天皇賞・秋 2 着、菊花賞 2 着、皐月賞 2 着。ドバイターフ 3 着。

能力のわりに勝ちみに遅いところがあった。晩成型で、国内 G I は勝てなかったがドバイで金星を挙げた。

主な産駒

・レーベンスティール（セントライト記念。ラジオNIKKEI賞3着）
・オールパルフェ（デイリー杯2歳S）
・フォーエバーヤング（JBC2歳優駿）
・トーホウガレオン
・フェイト
・ドナベティ
・プラチナジュビリー
・ヨリマルなど

産駒【芝】コース・ベスト5（芝10走以上）

コース	1着	2着	3着	着外	勝率	連対率	複勝率	単回値	複回値
中京・芝2000	1	5	1	4	9.1%	54.5%	63.6%	38	93
新潟・芝1800外	3	4	0	5	25.0%	58.3%	58.3%	108	261
東京・芝1800	3	3	4	14	12.5%	25.0%	41.7%	113	87
東京・芝1600	1	4	3	12	5.0%	25.0%	40.0%	7	71
小倉・芝1200	1	1	3	8	7.7%	15.4%	38.5%	40	138

産駒【ダート】コース・ベスト5（ダ10走以上）

コース	1着	2着	3着	着外	勝率	連対率	複勝率	単回値	複回値
東京・ダ1400	2	3	2	5	16.7%	41.7%	58.3%	58	157
阪神・ダ1800	2	2	2	6	16.7%	33.3%	50.0%	59	123
新潟・ダ1200	1	0	4	6	9.1%	9.1%	45.5%	124	370
中山・ダ1200	0	2	3	6	0.0%	18.2%	45.5%	0	164
新潟・ダ1800	3	1	0	11	20.0%	26.7%	26.7%	110	66

【芝】延長指数 **63.5**　【芝】短縮指数 **23.5**

【ダ】延長指数 **18.0**　【ダ】短縮指数 **53.0**

【芝】道悪指数 **47.5**　【ダ】道悪指数 **56.7**

★パフォーマンス指数★

牝馬/△　2歳/◎　初ダート22.5%

水上の眼

距離変更時が狙いも、芝・ダートでは真逆

　まだ世代数が少ないし、短い距離がダメだと決めつけるわけにはいかないが、基本的には芝1800m以上で買うべき種牡馬だろう。

　晩成タイプの血統ではあるのだが、産駒は意外と2歳戦から活躍している。ただ、2歳夏までは控えめで、秋から一気に加速していくように見える。

　芝での距離変更の場合、パフォーマンスが上がるのは圧倒的に延長時だ。指数60超えで常に一考のレベルだろう。反対に短縮時には妙味があまりない。

　一方、ダートでは距離延長時が不振で、短縮のほうが狙える。左ページの得意コースを見ても、意外と短距離戦が多い。距離短縮時の複勝率は35.2%、複勝回収値は170円もある。

　なお、ダートでは前走と同距離時のほうが確率はさらに高くなり、勝率12%、連対率29.3%、複勝率は40%という好成績だ。複勝回収値も101円だ。

　牝馬は芝での複勝率が、牡馬より10ポイントも下がる。また前述のように、2歳戦は芝もダートもよく走る。芝では単勝回収値168円、ダートでも複勝回収値179円に達する。

　ただ、初ダート時の複勝率は、総合より10ポイントも下がってしまう。そこそこは走るが、大きな期待はできないので軸にはしづらい。

現役時成績

サンデーサイレンス系・スペシャル
ウィークライン

● 2006 年生。通算 26 戦 4 勝。
マイラーズC、きさらぎ賞。
ダービー２着。
３歳時まではクラシック戦線を歩んだ
が、古馬になってからはマイルへ転向。
勝ち鞍は少なかったが、上位健闘を続
けて７歳まで走った。

主な産駒

・クラウンプライド（UAEダー
ビー。チャンピオンズC2着、J
BCクラシック2着）
・キョウヘイ（シンザン記念）
・アーデルアストレア（レディ
スプレリュード）
・アランチャータ
・サヤカチャン
・ニシノドレッシー
・ニシノベイオウルフなど

産駒【芝】コース・ベスト５（芝15走以上）

コース	1着	2着	3着	着外	勝率	連対率	複勝率	単回値	複回値
函館・芝1200	2	3	2	10	11.8%	29.4%	41.2%	42	71
中山・芝1600	1	1	5	14	4.8%	9.5%	33.3%	38	118
福島・芝1200	4	2	1	15	18.2%	27.3%	31.8%	115	77
小倉・芝1200	4	4	1	27	11.1%	22.2%	25.0%	196	98
新潟・芝1200	2	0	1	13	12.5%	12.5%	18.8%	95	63

産駒【ダート】コース・ベスト５（ダ15走以上）

コース	1着	2着	3着	着外	勝率	連対率	複勝率	単回値	複回値
新潟・ダ1800	3	2	2	17	12.5%	20.8%	29.2%	713	250
中山・ダ1200	3	2	1	26	9.4%	15.6%	18.8%	45	48
阪神・ダ1400	2	1	0	13	12.5%	18.8%	18.8%	223	66
中山・ダ1800	4	2	4	45	7.3%	10.9%	18.2%	194	112
東京・ダ1600	1	0	6	34	2.4%	2.4%	17.1%	7	69

【芝】延長指数 25.0	【芝】短縮指数 23.0
【ダ】延長指数 22.0	【ダ】短縮指数 55.0
【芝】道悪指数 28.6	【ダ】道悪指数 28.5

★パフォーマンス指数★

牝馬／○　2歳／◎　初ダート23.9％

水上の眼

ダートの良・稍重、そして2歳戦で真価を発揮する！

　ダートで大物を出しつつあり、次第に自身の母の父シアトルスルー、母方の祖母の父セクレタリアトの血が強く出てきているのかもしれない。ダートではこれからが旬になりそうだ。

　芝については、まったくダメなわけではないが、左ページに示したようにローカル短距離戦、それも下級条件で目立つ程度で、指数に示したように距離変更時のパフォーマンスはかなり低い。

　一方のダートでは、延長時は割り引きが必要だが、短縮時はパフォーマンスが上がる。

　そしてこの馬で最も覚えておくべきことは、ダートの良馬場、稍重馬場でこそ買いということ。良馬場の単勝回収値は204円、稍重では262円に達する。そして重・不良馬場ではサッパリだ。

　もうひとつ覚えておくべきは、2歳戦でかなり有効活用できる種牡馬ということ。年齢別で見るとすべての率でベストであり、芝の単勝回収値は150円、ダートは191円なのだ。

　初ダートでの変わり身も見込める。ダート総合の複勝率を7ポイント上回っている。

　ただし、中山ダート1800mで初ダートを迎えた場合は、先ほどの傾向とは逆に良馬場で【0－0－1－21】と狙えなくなる。稍重では【3－0－1－7】だから、これはあくまでも良馬場限定の現象だ。

現役時成績

ミスタープロスペクター系・キングマンボライン

● 2013年生。通算5戦2勝。

朝日杯FS。

デビュー後29日でGⅠ制覇したが、気性難もあり、春のクラシックでは掲示板までだった。ダービー後、脚部不安を発症し早々に引退。

主な産駒

・テーオーロイヤル（ダイヤモンドS。天皇賞・春3着）
・アナザーリリック（福島牝馬S）
・ジャスティンロック（京都2歳S）
・ピンクカメハメハ（サウジダービー）
・インダストリア（ダービー卿CT）
・ストーリア（中山牝馬S2着）
・オタルエバー
・ヤマトコウセイなど

産駒【芝】コース・ベスト5（芝30走以上）

コース	1着	2着	3着	着外	勝率	連対率	複勝率	単回値	複回値
阪神・芝1800外	3	7	4	25	7.7%	25.6%	35.9%	19	76
中山・芝1600	7	8	4	34	13.2%	28.3%	35.8%	53	73
中京・芝1600	3	9	7	40	5.1%	20.3%	32.2%	89	100
阪神・芝1400	5	4	6	32	10.6%	19.1%	31.9%	51	126
東京・芝1400	5	4	4	28	12.2%	22.0%	31.7%	72	64

産駒【ダート】コース・ベスト5（ダ30走以上）

コース	1着	2着	3着	着外	勝率	連対率	複勝率	単回値	複回値
中山・ダ1200	13	6	4	51	17.6%	25.7%	31.1%	256	102
中山・ダ1800	6	9	2	49	9.1%	22.7%	25.8%	95	73
中京・ダ1200	4	3	3	29	10.3%	17.9%	25.6%	46	54
函館・ダ1700	2	2	4	24	6.3%	12.5%	25.0%	96	110
中京・ダ1400	4	4	2	32	9.5%	19.0%	23.8%	49	94

牝馬／○　2歳／◎　初ダート15.6％

水上の眼

距離短縮を筆頭に儲けどころがハッキリ！

キングカメハメハ×シーザリオの良血で、交配料も高く、初年度から人気を集めている種牡馬だが、ここまではクラシック戦線を賑わせるような産駒は出ていない。

今後は単発的に大物を出すかもしれないが、気性的にやや難しい産駒が多いあたりは少し気になるところだ。

左ページの得意コースを見ると、ダートは一概にいえないが、芝ではワンターンコースを圧倒的に得意としている。長距離戦で活躍するテーオーロイヤルなどは例外的だろう。

だから当然ながら、芝では圧倒的に距離短縮時が狙いとなる。

そしてダートでは同距離が最もよいのだが、短縮時は指数こそ低いものの、穴はよくあけている。単勝回収値、複勝回収値ともに129円で、好配当が期待できる。

なお、短縮しての中山ダート1200mが【4－0－3－16】、福島1150mが【1－2－1－8】で、短縮の穴を狙うなら、この2コースが効率的。

道悪では、芝もダートもパフォーマンス指数が50を超える。

2歳戦からよく動き、芝の複勝回収値は102円、ダートの複勝回収値は168円に達する。

初ダート時は、率は低いが複勝回収値108円ある。ただし、こちらは好走ケースを特定できない。

種牡馬 81 ルーラーシップ

現役時成績

ミスタープロスペクター系・キングマンボライン

● 2007 年生。通算 20 戦 8 勝。

クイーンエリザベス 2 世 C（芝 2000 m）、AJCC、金鯱賞、日経新春杯、鳴尾記念。

宝塚記念 2 着。

他にジャパン C や有馬記念、天皇賞・秋での 3 着もあり、国内 G I 勝ちはなかったが、堅実に大レースで上位を続けた。競走生活後半の出遅れ癖が痛かった。

主な産駒

- メールドグラース（コーフィールド C、鳴尾記念他）
- ドルチェモア（朝日杯 F S、サウジアラビア RC）
- ダンビュライト（AJCC、京都記念）
- ソウルラッシュ（マイラーズ C、京成杯オータム H）
- ムイトオブリガード（アルゼンチン共和国杯他）
- リオンリオン（青葉賞他）
- ワンダフルタウン（青葉賞他）
など

産駒【芝】コース・ベスト 5（芝 70 走以上）

コース	1着	2着	3着	着外	勝率	連対率	複勝率	単回値	複回値
阪神・芝 2000	14	9	13	63	14.1%	23.2%	36.4%	122	119
中山・芝 1800	6	11	9	60	7.0%	19.8%	30.2%	34	79
中京・芝 2200	7	8	6	50	9.9%	21.1%	29.6%	92	118
中山・芝 1600	7	9	7	57	8.8%	20.0%	28.8%	27	85
阪神・芝 1800 外	6	13	6	64	6.7%	21.3%	28.1%	45	76

産駒【ダート】コース・ベスト 5（ダ 50 走以上）

コース	1着	2着	3着	着外	勝率	連対率	複勝率	単回値	複回値
中京・ダ 1400	7	9	8	65	7.9%	18.0%	27.0%	183	152
阪神・ダ 2000	7	3	4	38	13.5%	19.2%	26.9%	50	57
阪神・ダ 1800	23	22	30	214	8.0%	15.6%	26.0%	91	78
東京・ダ 1600	10	13	16	112	6.6%	15.2%	25.8%	46	79
札幌・ダ 1700	7	5	5	55	9.7%	16.7%	23.6%	43	67

【芝】延長指数 **39.5** 【芝】短縮指数 **40.5**

【ダ】延長指数 **44.5** 【ダ】短縮指数 **40.5**

【芝】道悪指数 **52.1** 【ダ】道悪指数 **51.1**

★パフォーマンス指数★

牝馬/△　2歳/○　初ダート18.0%

水上の眼

基本はパワー型、指数は平均化している

　マスクトディーヴァのような馬も出ることはあるが、基本的にはスピードよりパワー、瞬発力より持続力の種牡馬だ。

　ただ、4分の3同血配合がドゥラメンテなので、スピード・瞬発力タイプが出てもおかしくないのだが、そこはサンデーサイレンスが母に入っているかいないかの違いが大きいのかもしれない。

　サンプルが多くて平均化している面もあるのだが、芝もダートも、距離延長、短縮どれも似たような指数を示している。基本的には同距離がベターで、そして力通りにしっかり走れるタイプが多いということでもある。

　道悪は、芝もダートもやや上がる程度。

　牝馬は、ダートでの性差はないが、芝では牡馬が複勝率で8ポイント程度高い。

　2歳から古馬まで、好走率はあまり差がない。どの切り口でも実に平均化している。

　なお初ダート時は、総合ダート複勝率より4ポイント程度ダウンする。特に中山1800mでの初ダートが【0－1－0－22】、新潟1800mでは【0－0－1－18】と期待できない。

　反対に、阪神1800mでの初ダートは【3－3－5－25】、東京1600mで【2－1－4－21】となっている。複勝回収値も100円を超え、十分狙える数字となる。

現役時成績

ミスタープロスペクター系・フォーティナイナーライン

● 2011 年生。通算 29 戦 10 勝。ＪＲＡ最優秀短距離馬。

スプリンターズＳ２回、京王杯スプリングＣ、ＣＢＣ賞。

高松宮記念３着。安田記念３着。

当初はダートを中心に使われてオープン入りした。

主な産駒

・ナックブレイブ
・デイズオブドリーム
・メイショウオトギ
・リバートゥルー
・レッドシュヴェルトなど

産駒【芝】コース・ベスト５（芝５走以上）

コース	1着	2着	3着	着外	勝率	連対率	複勝率	単回値	複回値
中山・芝1600	1	2	0	4	14.3%	42.9%	42.9%	48	67
福島・芝1200	2	1	1	7	18.2%	27.3%	36.4%	288	122
阪神・芝1400	1	1	0	4	16.7%	33.3%	33.3%	223	81
中京・芝1600	1	0	1	6	12.5%	12.5%	25.0%	48	18
札幌・芝1200	0	2	0	7	0.0%	22.2%	22.2%	0	66

産駒【ダート】コース・ベスト５（ダ10走以上）

コース	1着	2着	3着	着外	勝率	連対率	複勝率	単回値	複回値
中山・ダ1800	2	0	1	7	20.0%	20.0%	30.0%	80	61
阪神・ダ1200	1	2	1	10	7.1%	21.4%	28.6%	20	69
東京・ダ1400	1	2	1	11	6.7%	20.0%	26.7%	26	67
中山・ダ1200	1	1	2	25	3.4%	6.9%	13.8%	8	21
東京・ダ1600	1	0	0	10	9.1%	9.1%	9.1%	90	22

【芝】延長指数 74.0　【芝】短縮指数 47.0

【ダ】延長指数 1.0　【ダ】短縮指数 12.5

【芝】道悪指数 51.7　【ダ】道悪指数 44.3

★パフォーマンス指数★

牝馬/○　2歳/○　初ダート7.7%

水上の眼

芝はマイルまでの距離延長がオイシイ

　フォーティナイナーの系譜、それも大成功目前にして早世したエンドスウィープのラインの直系だ。芝・ダート兼用だったエンドスウィープのよさは受け継がれているが、まだ出世馬を出せてはいない。とはいえ二世代だから、今後にはまだ期待できる。

　産駒傾向には、顕著な偏りが早くも出始めているようだ。

　まず、芝での距離延長はパフォーマンス指数が意外と大きく上がっている。74はかなり高いのだが、これは1200 mから1400 m、1600 mといったマイル以下での延長であり、1800 m以上へ延長するケース自体が少ない。

　ダートは反対に延長するとまったくダメ。複勝率自体も8.1%とかなり低い。同距離での複勝率24.1%の約3分の1程度しかない。そして短縮でも指数は低く、基本的にダートでは前走と同距離時に勝負したいところだ。

　ここまでは2歳戦の成績も悪くない。ただ勝ち鞍は6つで、ヒモになるケースが目立っている。

　初ダートでの複勝率は、たった7.7%しかない。総合のダート複勝率は17.8%あるので、初ダートでの変わり身はあまり期待できない。

現役時成績

ヘイロー系・デヴィルズバッグライン
● 2000 年生。通算 13 戦 8 勝（北米、
ドバイ）。
ドバイワールドＣ（ダ 2000 m）、ホイッ
トニーＨ（ダ 1800 m）。
ＢＣクラシック（ダ 2000 m）２着。
4 歳で開花しＧＩを含む 5 連勝を達成
した。

主な産駒

・ドリームバレンチノ（JBCス
プリント、シルクロードＳ、函
館ＳＳ、東京盃他。高松宮記
念2着他）
・コスモオオゾラ（弥生賞）
・ローズプリンスダム（レパー
ドＳ）
・ウインムート（さきたま杯他）
・ホウオウルーレット
・サンマルデュークなど
★地方競馬ではサミットストー
ン（浦和記念）、サブノクロヒョ
ウなど

産駒【芝】コース・ベスト５（芝５走以上）

コース	1着	2着	3着	着外	勝率	連対率	複勝率	単回値	複回値
札幌・芝2600	0	1	3	2	0.0%	16.7%	66.7%	0	238
函館・芝1800	1	1	1	2	20.0%	40.0%	60.0%	70	164
札幌・芝1800	1	0	1	4	16.7%	16.7%	33.3%	215	35
阪神・芝1200	0	1	1	7	0.0%	11.1%	22.2%	0	134
小倉・芝1200	0	0	2	7	0.0%	0.0%	22.2%	0	152

産駒【ダート】コース・ベスト５（ダ20走以上）

コース	1着	2着	3着	着外	勝率	連対率	複勝率	単回値	複回値
東京・ダ2100	2	2	4	14	9.1%	18.2%	36.4%	65	154
新潟・ダ1800	4	4	3	32	9.3%	18.6%	25.6%	204	86
札幌・ダ1700	5	0	1	19	20.0%	20.0%	24.0%	154	77
中山・ダ1200	1	3	4	34	2.4%	9.5%	19.0%	5	53
小倉・ダ1700	1	1	4	28	2.9%	5.9%	17.6%	17	81

【芝】延長指数 **80.0**　【芝】短縮指数 **59.5**

【ダ】延長指数 **44.0**　【ダ】短縮指数 **61.5**

【芝】道悪指数 **53.1**　【ダ】道悪指数 **50.6**

★パフォーマンス指数★

牝馬／△　2歳／○　初ダート11.1%

水上の眼

距離変更に強く、特に芝・下級条件の延長は買いたい！

　日本では、サンデーサイレンスを経由しないヘイロー系は傍流血統になっていて、メイショウボーラーとこの馬くらいしか、世代を重ねた現役種牡馬は見当たらなくなっている。それだけにかなり個性的な産駒が多いし、穴もよくあける。

　芝では、左ページの得意コースを見ると距離はバラバラだ。

　出走数そのものが少なくなっているが、ダートではなく芝を使い続けている産駒は人気薄で勝ち切ることが多い。

　特に芝の距離延長時で、単勝回収値はなんと 197 円もあり、パフォーマンス指数も 80 に乗せている。上級ではきついが、下級条件の芝延長時は一考したい。

　芝の短縮も指数は 60 近いし、ダートの延長も 50 をやや下回る程度、ダートの短縮でも 61.5 あって、とにかく距離変化時に強いのが特徴だろう。

　牝馬は牡馬より劣勢。覚えておくべきは芝の牝馬の【1－1－8－73】という、かなり偏った成績だ。

　初ダートの複勝率は 11.1%。個人的にはもっと高いと思っていたので意外だった。ダートの総合を 6 ポイント下回り、着度数では【1－2－0－24】である。

ロードカナロア

現役時成績

ミスタープロスペクター系・キングマンボライン

● 2008 年生。通算 19 戦 13 勝。ＪＲＡ年度代表馬、ＪＲＡ最優秀短距離馬。スプリンターズＳ２回、安田記念、高松宮記念、香港スプリント２回、阪急杯、京阪杯、シルクロードＳ。
ラストランとなった二度目の香港スプリント勝利は５馬身差の圧勝だった。

主な産駒

・アーモンドアイ（牝馬三冠、ジャパンＣ２回、天皇賞・秋２回、ドバイターフ他）
・ダノンスマッシュ（香港スプリント、高松宮記念他）
・サートゥルナーリア（皐月賞、ホープフルＳ）
・パンサラッサ（ドバイターフ他）
・ステルヴィオ（マイルＣＳ他）
・レッドルゼル（根岸Ｓ他）
・ダノンスコーピオン（ＮＨＫマイルＣ、アーリントンＣ）など重賞勝ち馬多数

産駒【芝】コース・ベスト５（芝60走以上）

コース	1着	2着	3着	着外	勝率	連対率	複勝率	単回値	複回値
東京・芝2000	5	10	10	40	7.7%	23.1%	38.5%	26	91
阪神・芝1200	17	19	11	80	13.4%	28.3%	37.0%	111	110
東京・芝1400	26	19	14	125	14.1%	24.5%	32.1%	135	106
中山・芝1800	11	8	2	45	16.7%	28.8%	31.8%	67	54
東京・芝1800	12	13	13	85	9.8%	20.3%	30.9%	30	48

産駒【ダート】コース・ベスト５（ダ60走以上）

コース	1着	2着	3着	着外	勝率	連対率	複勝率	単回値	複回値
函館・ダ1700	8	7	7	40	12.9%	24.2%	35.5%	46	68
中京・ダ1400	18	15	12	113	11.4%	20.9%	28.5%	95	85
東京・ダ1400	17	13	12	110	11.2%	19.7%	27.6%	109	95
小倉・ダ1000	9	7	6	59	11.1%	19.8%	27.2%	60	64
中京・ダ1200	8	10	8	71	8.2%	18.6%	26.8%	33	73

【芝】延長指数 **35.5** 【芝】短縮指数 **58.5**

【ダ】延長指数 **30.0** 【ダ】短縮指数 **53.5**

【芝】道悪指数 **39.3** 【ダ】道悪指数 **52.3**

★パフォーマンス指数★

牝馬/○　2歳/◎　初ダート22.8%

水上の眼

初ダートでハネる４コースを覚えておこう！

　今やキングカメハメハの後継種牡馬としてのみならず、日本のトップサイアーの一角を担っている。

　だが、冷静に見返すと、アーモンドアイの後はクラシック戦線で勝ち負けになるような馬を出せていない。ブームにひと段落ついて、優秀な繁殖牝馬が他に回っているのも一因かもしれない。

　距離適性は、母方の影響を強く受ける傾向がある。母が長距離血統なら、2400ｍ以上の距離を得意とする産駒も多い。

　ダートもこなすが、Ａ級レベルには登りづらい。

　指数を見ると、芝もダートも距離短縮時にパフォーマンスが上がるようだ。これだけ出走数が多いと指数は平均化してしまいがちだが、これほど極端に差が出るのは珍しいといえる。

　芝の道悪は苦手だ。ただし不良馬場まで悪化すると56走のうち5勝と勝ち切りもあり、極端に悪化した場合は一考の余地あり。

　初ダートの複勝率は22.8％と意外と高い。

　特に中京1400ｍ【７－１－１－22】、中山1200ｍ【６－２－０－25】、中山1800ｍ【３－２－１－13】、中京1200ｍ【１－２－２－６】での初ダートでは、好走率も回収値も高いことは覚えておきたい。

現役時成績

サドラーズウェルズ系・シングスピールライン

● 2010年生。通算30戦6勝。ＪＲＡ最優秀2歳牡馬。

皐月賞、安田記念、朝日杯ＦＳ、スプリングＳ。

朝日杯はタイレコード、皐月賞はレースレコードだった。安田記念は皐月賞以来3年ぶりの勝利で、モーリスを破る金星となった。

主な産駒

・ラブリイユアアイズ（阪神JF2着）
・ミトノオー（兵庫CS）
・オメガギネス
・ポワンキュルミナン
・マイレーヌなど
★地方競馬ではベラジオノソノダラブなど

産駒【芝】コース・ベスト5（芝5走以上）

コース	1着	2着	3着	着外	勝率	連対率	複勝率	単回値	複回値
阪神・芝1600外	0	1	2	2	0.0%	20.0%	60.0%	0	244
中京・芝1600	2	0	1	3	33.3%	33.3%	50.0%	90	88
福島・芝1800	1	1	5	10	5.9%	11.8%	41.2%	22	127
札幌・芝2000	0	0	2	4	0.0%	0.0%	33.3%	0	103
新潟・芝1000	0	1	1	6	0.0%	12.5%	25.0%	0	90

産駒【ダート】コース・ベスト5（ダ10走以上）

コース	1着	2着	3着	着外	勝率	連対率	複勝率	単回値	複回値
中山・ダ1800	4	2	5	25	11.1%	16.7%	30.6%	53	193
福島・ダ1700	3	0	1	10	21.4%	21.4%	28.6%	59	55
新潟・ダ1800	1	1	1	10	7.7%	15.4%	23.1%	118	80
阪神・ダ1800	0	2	1	10	0.0%	15.4%	23.1%	0	45
東京・ダ1400	0	0	1	17	0.0%	0.0%	5.6%	0	61

【芝】延長指数 **49.0** 【芝】短縮指数 **121.5**

【ダ】延長指数 **33.5** 【ダ】短縮指数 **1.0**

【芝】道悪指数 **25.2** 【ダ】道悪指数 **122.8**

★パフォーマンス指数★

牡馬/△　2歳/○　初ダート13.8%

水上の眼

2023年は復権の年か、指数100超の芝短縮とダート道悪！

　2023年に入り、種牡馬成績を急速に伸ばした。シングスピールのラインはこの馬しか日本では父系がつながらないので、貴重な存在といっていい。

　芝もダートもこなしており、皐月賞馬にしては息長く走れたので、産駒も早熟では終わらないはずだ。

　左ページの得意コースを見ても、ダートではほとんど中距離狙いに絞っていいだろう。

　注目は芝の距離短縮時で、パフォーマンス指数はなんと121.5！　複勝率26.9%は延長時の約2倍、同距離時より11ポイント高い。

　反対にダートの距離短縮はほとんど期待できない。【1－3－1－49】で、同距離時の複勝率の3分の1しかない。

　芝の道悪はあまりよくないが、ダートはよく走る。重・不良馬場合わせて【2－2－7－17】で、複勝回収値は重馬場140円、不良馬場229円に達する。ここは狙い撃ちしたいポイントだ。

　牝馬は牡馬に比べると成績が大きく下がる。牡馬の勝率6.7%、連対率16.0%、複勝率21.8%に対し、牝馬のそれは2.3%、4.6%、11.5%だ。

　2歳のダートは【2－0－0－49】で、基本的には嫌いたいが、今後世代数が重なれば改善されそうだ。

　初ダートはそこそこ走っているが、1着はない。

現役時成績

ミスタープロスペクター系・キングマンボライン

● 2007年生。通算9戦4勝（英国、仏国）。欧州最優秀3歳牡馬。

英ダービー（芝2400m）、凱旋門賞（芝2400m）。

エクリプスS（芝2000m）2着、キングジョージVI＆QエリザベスS（芝2400m）2着。

英ダービーはレコード勝ちだった。凱旋門賞ではナカヤマフェスタをハナ差破る。日本で種牡馬入りも、2016年愛国へ。

主な産駒

・ディバインフォース（ステイヤーズS）
・パトリック
・クィーンズベスト
・スズカロング
・パルティアーモ
・ダイワダッチェス
・メイショウケイメイなど
★地方競馬ではスタンサンセイ、アトミックフォースなど

産駒【芝】コース・ベスト5（芝5走以上）

コース	1着	2着	3着	着外	勝率	連対率	複勝率	単回値	複回値
京都・芝1800外	2	2	1	3	25.0%	50.0%	62.5%	100	85
中山・芝2500	0	2	1	2	0.0%	40.0%	60.0%	0	96
中京・芝2200	2	0	1	3	33.3%	33.3%	50.0%	278	66
京都・芝2000	0	2	1	3	0.0%	33.3%	50.0%	0	68
小倉・芝1200	0	6	1	9	0.0%	37.5%	43.8%	0	178

産駒【ダート】コース・ベスト5（ダ5走以上）

コース	1着	2着	3着	着外	勝率	連対率	複勝率	単回値	複回値
阪神・ダ1200	0	1	0	4	0.0%	20.0%	20.0%	0	114
東京・ダ1600	0	1	0	6	0.0%	14.3%	14.3%	0	104
中山・ダ1200	0	1	0	10	0.0%	9.1%	9.1%	0	82
京都・ダ1800	0	0	1	10	0.0%	0.0%	9.1%	0	20
東京・ダ2100	1	0	0	11	8.3%	8.3%	8.3%	11	9

【芝】延長指数 106.5　【芝】短縮指数 56.5

【ダ】延長指数 82.5　【ダ】短縮指数 65.5

【芝】道悪指数 57.2　【ダ】道悪指数 0

★パフォーマンス指数★

牝馬/△　2歳/なし　初ダート21.4%

水上の眼

限られた産駒だが、芝・ダートとも延長で必須の存在

　もう2023年の2歳世代はおらず、3歳以上しか在籍はいない。

　種牡馬のタイプとしては、まったくスピード要素がなく、パワーに特化している。

　芝の距離延長時は、なんとパフォーマンス指数106.5！　もちろん下級条件レベルなのだが、延長で出走してきたら人気に関わらず押さえてはおきたい。

　一方、ダートも延長時は82.5だ。複勝率は12.5%しかないのだが、なにせ同距離時の複勝率は9.5%しかない。芝もダートも距離を動かした場合の指数が上がっていて、距離変更が刺激になりやすいタイプかもしれない。

　ダートの道悪は馬券になったことがない。重・不良馬場合わせて【0－0－0－30】だ。

　牝馬は、勝率、連対率が牡馬の半分しかなく、明らかに割り引きといっていい。

　初ダートは複勝率が21.4%。これはダートの総合の複勝率9.8%を大きく上回り、このことからも何か変更した場合の刺激が出やすいという仮説を裏付けていると思う。

ワールドエース

現役時成績

サンデーサイレンス系・ディープインパクトライン

● 2009 年生。通算 17 戦 4 勝。23 年 7 月で種牡馬引退。

マイラーズC、きさらぎ賞。

皐月賞 2 着。ダービー 4 着。香港マイル 4 着。

1 番人気で臨んだダービーで敗れた後は、マイラーズCの 1 勝のみで終わった。

主な産駒

- ジュンブロッサム
- メイショウシンタケ
- サンストックトン
- レッドヴェロシティ
- シルバーエース
- ワールドスケール
- ココリホウオウなど
★地方競馬ではシルトプレ（ダービーGP他）など

産駒【芝】コース・ベスト5（芝15走以上）

コース	1着	2着	3着	着外	勝率	連対率	複勝率	単回値	複回値
中山・芝1200	2	1	2	10	13.3%	20.0%	33.3%	38	58
中京・芝1400	1	2	3	16	4.5%	13.6%	27.3%	18	57
小倉・芝2000	2	0	4	18	8.3%	8.3%	25.0%	352	152
中京・芝1600	0	1	5	18	0.0%	4.2%	25.0%	0	326
函館・芝1200	0	1	3	12	0.0%	6.3%	25.0%	0	46

産駒【ダート】コース・ベスト5（ダ10走以上）

コース	1着	2着	3着	着外	勝率	連対率	複勝率	単回値	複回値
阪神・ダ2000	1	3	1	9	7.1%	28.6%	35.7%	25	133
福島・ダ1700	2	3	3	16	8.3%	20.8%	33.3%	24	92
新潟・ダ1800	3	1	3	18	12.0%	16.0%	28.0%	94	376
阪神・ダ1800	1	5	4	38	2.1%	12.5%	20.8%	2	43
新潟・ダ1200	1	1	2	19	4.3%	8.7%	17.4%	13	30

【芝】延長指数	10.5	【芝】短縮指数	40.5
【ダ】延長指数	31.5	【ダ】短縮指数	31.0
【芝】道悪指数	38.8	【ダ】道悪指数	45.5

★パフォーマンス指数★

牝馬/△　2歳/○　初ダート14.4%

水上の眼

適性はハッキリしないが、重・不良、そして牝馬は敬遠したい

　ディープインパクトにドイツ牝系の配合で、産駒の距離適性は幅広い。左ページを見ても、好走コースの偏りもまったくなく、実につかみづらい種牡馬だ。

　ただ、上級に行っているのは芝で、ダートの場合はここまで下級条件止まりである。

　指数を見てもわかるように、距離を動かしたときはパフォーマンスが下がる。基本的に前走と同距離時に狙いたい。基本的にスピードがないタイプの産駒が多いわりには、距離延長時のパフォーマンスはかなり悪い。むしろ短縮のほうがマシなくらいだ。

　スピードがないわりには、なぜか芝の重・不良はあまり振るわないが、稍重はとてもよく走り、複勝回収値も110円ある。

　ダートも道悪になって時計が速くなると厳しい。重・不良では【1－5－9－108】だ。

　牝馬の産駒は大不振。芝・ダート合わせて、牝馬の勝率は0.9%、連対率1.9%、複勝率でも3.8%は極端すぎる。牝馬産駒は来られたら諦めるくらいでいいのかもしれない。

　初ダートは、ダート総合とほぼ同じ複勝率だ。ただし、中山ダート1200ｍでの初ダート時の成績は【0－0－0－9】である。

アニマルキングダム

現役時成績

レッドゴッド系・ブラッシンググルームライン

● 2008 年生。通算 12 戦 5 勝（米国）。
北米最優秀 3 歳牡馬。
ケンタッキーダービー（ダ 2000 m）、
ドバイワールドC（AW 2000 m）。
プリークネスS（ダ 1900 m）2 着、
BCマイル（ダ 1600 m）2 着。
ケンタッキーダービーはなんと初ダートでの制覇、11 番人気の伏兵だった。
2019 年輸入。

主な産駒

- ・ヒルノドゴール
- ・テルケンレンジョイなど
- ・海外ではデュオポリー（アメリカンオークス）、リーガルグローリー（メイトリアークS）など
- ・地方競馬ではプリプロオールイン、カピタン、アニマルフルーツなど

●アニマルキングダム産駒の各種データ

	勝率	連対率	複勝率	単回値	複回値
芝	0.0%	0.0%	0.0%	0	0
ダート	14.3%	28.6%	57.1%	48	174
牡馬	6.3%	12.5%	18.8%	21	54
牝馬	0.0%	0.0%	20.0%	0	70
新馬戦	0.0%	0.0%	11.1%	0	38
未勝利戦	8.3%	16.7%	25.0%	28	72

水上の眼

　ドイツ牝系なのに、期間内でここまで芝を走れないとは予想外だった。本馬の父からも芝馬は出ているのだが……。新馬戦で振るわないのは、晩成血統だから納得できるところ。ここまでは、未勝利戦中心にダートのマイル以下でしか買えないが、秋後半になって少しずつ好走馬が増えているし、成績は上がってくるかもしれない。あと、レッドゴッド系なのでダートの道悪は当面狙ってみたい。

現役時成績

サンデーサイレンス系・ディープインパクトライン

● 2014 年生。通算 12 戦 5 勝。
皐月賞、大阪杯、毎日杯。
皐月賞はレコード勝ちだった。
大阪杯、マイルＣＳの３着もある。
ディープインパクト産駒にしては数少ない、無類の小回り巧者だった。

主な産駒

・テリオスルル
・コスモキュランダ
・カズゴルティス
・クールベイビーなど
・地方競馬ではタイセイキスミー、カネトシアンカーなど

●アルアイン産駒の各種データ

	勝率	連対率	複勝率	単回値	複回値
芝	15.4%	19.2%	23.1%	86	33
ダート	0.0%	0.0%	12.5%	0	88
牡馬	11.1%	16.7%	22.2%	40	71
牝馬	12.5%	12.5%	18.8%	95	19
新馬戦	15.0%	15.0%	15.0%	96	24
未勝利戦	8.3%	16.7%	25.0%	25	92

水上の眼

　いわずもがなのシャフリヤール全兄。出走回数が少ないとはいえ、ダートでは苦戦していて、目下のところは芝に偏っている。とはいえ、瞬発力やスピードには欠ける傾向。

　ここまで牡牝の能力差は目立たないが、新馬戦では 17 頭出走して馬券に絡んだのは勝ち馬の３頭のみ。今のところは、１勝クラスを続々出しそうではあるが、２勝目を挙げる産駒が何頭出るかという状況。狙いどころは芝の未勝利戦か。

カリフォルニアクローム

現役時成績

ボールドルーラー系・エーピーインディ
ライン

● 2011 年生。通算 27 戦 16 勝（米国、
ドバイ）。北米年度代表馬 2 回。

ケンタッキーダービー（ダ 2000 m）、
プリークネス S（ダ 1900 m）、ドバイ
ワールド C（ダ 2000 m）、サンタアニ
タダービー（ダ 1800 m）、ハリウッド
ダービー（芝 1800 m）他。ベルモント
S は 4 着で三冠は逃した。

B C クラシック（ダ 2000 m）2 着、3
着。ドバイワールド C 2 着。

主な産駒

- ・スプリングノヴァ
- ・イサイアス
- ・ドラゴングライダー
- ・エルフストラック
- ・ハリウッドパークなど
- ・地方競馬ではカルフレグランスなど
- ・海外産駒にシラ（プライオレスS）、クロミウム（チリ1000ギニー）など

●カリフォルニアクローム産駒の各種データ

	勝率	連対率	複勝率	単回値	複回値
芝	12.5%	15.6%	18.8%	177	72
ダート	8.1%	16.2%	21.6%	174	90
牡馬	2.3%	11.6%	14.0%	6	62
牝馬	23.1%	23.1%	30.8%	456	114
新馬戦	6.9%	17.2%	17.2%	121	82
未勝利戦	10.3%	12.8%	20.5%	171	67

水上の眼

　最大のポイントは、ダート種牡馬と思い込みがちだが、それは危険ということ。ご覧のように芝でもまずまずの成績を残している。早熟度合いが強い場合は 2 歳時のみ芝をこなし、以降はダートに特化していくケースもあるのでまだ兼用型ともいいがたいが、少なくとも 2 歳戦においては芝でも注目。あとは牡馬が意外にも不振。新馬戦も勝ち上がりが少ない。ここまでの産駒成績は想定外が目立っている。

サンダースノー

現役時成績

ダンチヒ系・デインヒルライン

● 2014 年生。通算 24 戦 8 勝（英国、米国、ドバイなど）。

ドバイワールドC 2 回（ダ 2000 m）、クリテリウム国際（芝 1600 m）、ジャンプラ賞（芝 1400 m）、UAEダービー（ダ 2000 m）他。

愛 2000 ギニー（芝 1600 m）2 着。

ドバイワールドCでは史上初の連覇を達成した。

主な産駒

- ・サンダーアラート
- ・ドンアポロン
- ・タガノエクレールなど
- ・地方競馬ではスノークローバーなど

●サンダースノー産駒の各種データ

	勝率	連対率	複勝率	単回値	複回値
芝	0.0%	3.3%	6.7%	0	30
ダート	4.2%	8.3%	12.5%	12	22
牡馬	3.7%	7.4%	14.8%	11	33
牝馬	0.0%	3.7%	3.7%	0	20
新馬戦	0.0%	3.8%	3.8%	0	20
未勝利戦	3.8%	7.7%	15.4%	11	34

水上の眼

　ダートのほうがいくぶんマシだが、ここまでは総合的に見て不振といわざるを得ない。牝馬の成績も【0－1－0－26】でまったく振るわない。新馬戦も惨憺たる成績で【0－1－0－25】、来られたら仕方ないというくらいのレベルになっている。

　目下の買いどころは、強いていえばダートの未勝利戦だろうか。

シュヴァルグラン

現役時成績

サンデーサイレンス系・ハーツクライ
ライン

● 2012 年生。通算 33 戦 7 勝。

ジャパンC、アルゼンチン共和国杯、
阪神大賞典。

天皇賞・春 2 着 2 回、ドバイシーマC
（芝 2400 m）2 着。有馬記念 3 着 2 回
他。

勝ちみに遅いところがあったが、2400
m以上では晩年を除くと大崩れがな
かった。

主な産駒

・アートフォーム
・メリオーレム
・ダイメイイチョウなど
・地方競馬ではモンゲースパイ
など

●シュヴァルグラン産駒の各種データ

	勝率	連対率	複勝率	単回値	複回値
芝	2.3%	14.0%	23.3%	8	63
ダート	0.0%	0.0%	0.0%	0	0
牡馬	0.0%	3.7%	14.8%	0	40
牝馬	3.1%	15.6%	18.8%	11	50
新馬戦	0.0%	7.1%	14.3%	0	47
未勝利戦	3.2%	12.9%	19.4%	11	45

水上の眼

　ハッキリしているのは、ダートが 16 走すべて 4 着以下で、ここまで
は適性がまったくないこと。また牡馬産駒が【0－1－3－23】で連
対も厳しい。ただ、典型的な晩成型の血であり、この後は地道に強く
なっていく産駒が増えてくるはずだ。芝の新馬戦は【0－2－2－20】
で、買いたい馬がいてもヒモまで。というか、芝総合でも【1－5－4
－33】であり、2歳戦のうちは相手の一角に留めるのが賢明か。

スワーヴリチャード

現役時成績

サンデーサイレンス系・ハーツクライ
ライン

● 2014 年生。通算 19 戦 6 勝。

ジャパンC、大阪杯、共同通信杯、ア
ルゼンチン共和国杯、金鯱賞。

ダービー2着。ドバイシーマC（芝
2400 m）3着、宝塚記念3着。

主な産駒

・コラソンビート（京王杯2歳S、
ダリア賞）
・パワーホール（札幌2歳S2
着）
・ヴェラキラプトル（野路菊S）
・アーバンシック（百日草特別）
・レガレイラ
・スパークリシャール
・ナムラフッカーなど

●スワーヴリチャード産駒の各種データ

	勝率	連対率	複勝率	単回値	複回値
芝	18.8%	34.1%	51.8%	215	119
ダート	25.0%	25.0%	25.0%	143	48
牡馬	23.9%	43.5%	52.2%	360	116
牝馬	14.9%	23.4%	46.8%	61	109
新馬戦	12.5%	25.0%	39.6%	85	86
未勝利戦	27.0%	43.2%	59.5%	401	158

水上の眼

　誰もが予想していなかった、初年度2歳戦からの大当たり。要因は
ちょっと見つけられないが、母の父アンブライドルズソングの力が出て
いるのは間違いない。

　ここまでは芝もダートも、牡牝も関係ない。また新馬戦での成績も高
いのだが、そこを勝ち損ねた馬の、未勝利戦での勝ち上がりもスゴくて
【10－6－6－15】なのだ。脱帽するしかない。あとは2勝目以降を挙
げる馬の増加にかかっている。

ニューイヤーズデイ

現役時成績

ミスタープロスペクター系・マキャヴェリアンライン

● 2011 年生。通算 3 戦 2 勝（米国）。ＢＣジュヴェナイル（ダ 1700 m）。デビュー戦 3 着の後、未勝利勝ち、そして 3 戦目にＧ I を制覇。直後に大ケガをして 2 歳一杯で引退。2019 年に日本へ転出。

主な産駒

- ・オタコンペ
- ・ベストオブユー
- ・プエルタセクレタ
- ・アンジュグルーヴなど
- ・地方競馬ではスピニングガールなど
- ・海外ではマキシマムセキュリティ（フロリダダービー、ハスケル招待S、シガーマイルH他）、ファイティングマッド（クレメントLハーシュS）など

●ニューイヤーズデイ産駒の各種データ

	勝率	連対率	複勝率	単回値	複回値
芝	11.1%	25.0%	41.7%	175	127
ダート	11.1%	25.9%	42.6%	46	90
牡馬	12.5%	25.0%	52.5%	152	125
牝馬	10.0%	26.0%	34.0%	54	88
新馬戦	6.8%	25.0%	38.6%	137	107
未勝利戦	16.3%	27.9%	46.5%	64	103

水上の眼

　血統はまったく違うのだが、ここまではカリフォルニアクロームと似た産駒成績となっている。予想外に芝も走れているし、距離の対応幅も広め。ただ、こちらはカリフォルニアクロームとは違い、牡牝まったく互角。新馬戦は【3－8－6－27】に対し、未勝利戦は【7－5－8－23】で、一度使うとなおよいタイプが多い。ただ、新馬戦はご覧のように回収値が高く、人気薄でも注意したい。

ブリックスアンドモルタル

現役時成績

ストームキャット系・ジャイアンツ
コーズウェイライン

● 2014 年生。通算 13 戦 11 勝（米国）。
北米年度代表馬。

ＢＣターフ（芝 2400 m）、ターフクラ
シック（芝 1800 m）、アーリントンミ
リオン（芝 2000 m）、マンハッタンＳ
（芝 2000 m）、ペガサスワールドＣター
フ（芝 1800 m）他。

日本で種牡馬入り。3 歳後半から脚の
病気で 1 年の休養、そこから復帰後に
覚醒した晩成型だった。

主な産駒

・ゴンバデカーブース（サウジ
アラビアRC）
・クイックバイオ（ききょうS）
・アンモシエラ（もちの木賞）
・イーグルノワール
・テラメリタなど

●ブリックスアンドモルタル産駒の各種データ

	勝率	連対率	複勝率	単回値	複回値
芝	12.7%	20.6%	28.6%	72	58
ダート	20.0%	26.7%	46.7%	141	112
牡馬	10.6%	19.1%	36.2%	88	79
牝馬	19.4%	25.8%	25.8%	81	52
新馬戦	9.3%	18.6%	27.9%	39	61
未勝利戦	13.3%	20.0%	33.3%	82	72

水上の眼

　2 歳戦前半から順調に勝ち馬を出したが、当初は逃げられないと崩れ
たり、気性難が出ていたりする産駒が目立つ印象もあった。しかし、秋
競馬から出てくる産駒の質も上がったし、新種牡馬のＪＲＡ重賞勝ち第
1 号ともなっている。

　自身は中距離馬だったが、産駒は前進気勢が強めで、マイルがベスト
のタイプが増えそうだ。典型的な芝・ダート兼用型で、性差もない。実
にバランスがよい種牡馬である。

モーニン

現役時成績

ストームキャット系・ヘネシーライン
● 2012 年生。通算 28 戦 8 勝。
フェブラリーS、根岸S、コリアスプ
リント。
さきたま杯 2 着、かしわ記念 2 着。
フェブラリーSはレコード勝ち。気性
的にムラなところがあり、圧勝の後に
大敗のケースもよく見られた。

主な産駒

・ブルーサン
・アイズ
・ランドマックスなど
・地方競馬ではミヤギヴァリア
ント、マローネアバンティ、ム
ーンオブザサマーなど

●モーニン産駒の各種データ

	勝率	連対率	複勝率	単回値	複回値
芝	0.0%	10.0%	10.0%	0	59
ダート	3.2%	9.7%	16.1%	8	72
牡馬	4.2%	16.7%	25.0%	11	118
牝馬	0.0%	0.0%	0.0%	0	0
新馬戦	0.0%	10.0%	15.0%	0	93
未勝利戦	4.8%	9.5%	14.3%	12	47

水上の眼

　10 月になって、やっと産駒のJRA勝ち馬を出した。ヘニーヒュー
ズ人気の代替として、この馬にもそこそこの質の牝馬が付いてはいるの
だが、ここまでは劣勢だ。芝は期間内で 10 走しかしていないので何と
もいえないが、おそらくもう少し成績は上がってくるだろう。
　牝馬が 17 走してオール着外なのは気になるところ。また新馬戦も【0
－2－1－17】で、仕上がりが遅い。

現役時成績

ミスタープロスペクター系・キングマ
ンボライン

● 2014 年生。通算 17 戦 7 勝。 ＪＲＡ
最優秀 3 歳牡馬、最優秀古馬牡馬。
ダービー、天皇賞・秋、ホープフルＳ
（ＧⅡ時）、オールカマー、神戸新聞杯。
ジャパンＣ2 着。有馬記念 2 着。
藤沢和厩舎に初のダービー制覇をもた
らした。

主な産駒

・デルシエロ
・ラケダイモーン
・マテンロウゴールド
・エルサビオ
・コルレオニスなど

●レイデオロ産駒の各種データ

	勝率	連対率	複勝率	単回値	複回値
芝	11.9%	19.4%	25.4%	158	63
ダート	7.7%	23.1%	46.2%	120	113
牡馬	14.5%	25.8%	37.1%	196	92
牝馬	0.0%	0.0%	0.0%	0	0
新馬戦	10.6%	21.3%	23.4%	147	65
未勝利戦	13.3%	20.0%	40.0%	175	87

水上の眼

　キングカメハメハの後継種牡馬の1頭で、かつディープインパクトの
近親というセールスポイントもあって、ここまでの種牡馬成績は上々だ。
　距離的にはマイル以上で、芝もダートもこなすのだが、唯一の難点と
いうかクセは、あくまで期間内のこととはいえ、牝馬産駒が【0－0－
0－18】という点。新馬戦も走るが、率は未勝利戦のほうが圧倒的に高く、
【4－2－6－18】だ。叩いてからのほうがよく、3歳で上がってきそ
うだ。

新種牡馬 11 ロジャーバローズ

現役時成績

サンデーサイレンス系・ディープインパクトライン

● 2016年生。通算6戦3勝。
ダービー。京都新聞杯2着。
ダービーは12番人気での勝利。その後、凱旋門賞出走が発表されたが、重度の屈腱炎が判明、早々に引退した。

主な産駒

・オーキッドロマンス（カンナS）
・オメガウインク
・テリオスサラなど
・地方競馬ではワセダノオトコ、レディーステイなど

●ロジャーバローズ産駒の各種データ

	勝率	連対率	複勝率	単回値	複回値
芝	17.4%	21.7%	30.4%	212	103
ダート	0.0%	0.0%	22.2%	0	116
牡馬	9.5%	9.5%	23.8%	184	112
牝馬	18.2%	27.3%	36.4%	91	97
新馬戦	0.0%	5.3%	21.1%	0	91
未勝利戦	25.0%	25.0%	33.3%	119	102

水上の眼

　ロジャーバローズは、ディープインパクト産駒の中ではディープブリランテに似たタイプの、スピード持続力型のダービー馬だった。近親にジェンティルドンナがいる血統だが、やや晩成の気配もある。

　新馬戦【0－1－3－15】というあたりにもそれは出ていて、一度叩いた未勝利戦では【3－0－1－8】と変わり身を見せることは覚えておきたい。どちらかというと、現状は芝馬タイプが多い。3歳になって成績は上がりそうだ。

194

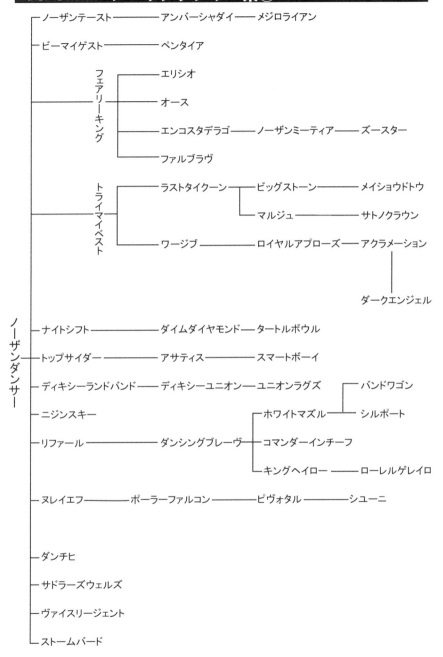

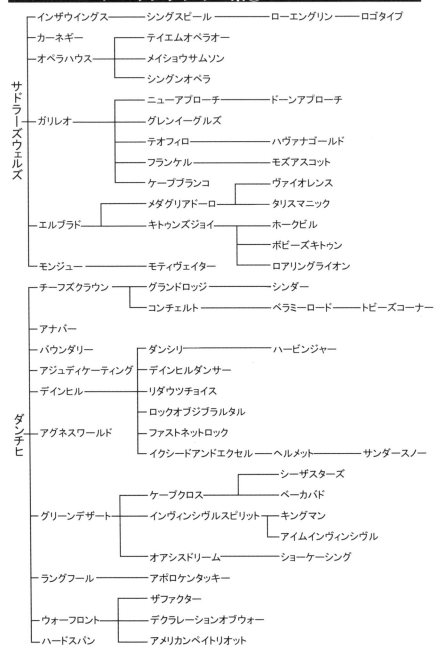

サドラーズウェルズ

- インザウイングス────シングスピール────ローエングリン────ロゴタイプ
- カーネギー
- オペラハウス
  - テイエムオペラオー
  - メイショウサムソン
  - シングンオペラ
- ガリレオ
  - ニューアプローチ────ドーンアプローチ
  - グレンイーグルズ
  - テオフィロ────ハヴァナゴールド
  - フランケル────モズアスコット
  - ケープブランコ────ヴァイオレンス
- メダグリアドーロ────タリスマニック
- エルブラド
  - キトゥンズジョイ
    - ホークビル
    - ボビーズキトゥン
- モンジュー────モティヴェイター────ロアリングライオン

ダンチヒ

- チーフズクラウン
  - グランドロッジ────シンダー
  - コンチェルト────ベラミーロード────トビーズコーナー
- アナバー
- バウンダリー
- アジュディケーティング
- デインヒル
  - ダンシリ────ハービンジャー
  - デインヒルダンサー
  - リダウツチョイス
- アグネスワールド
  - ロックオブジブラルタル
  - ファストネットロック
  - イクシードアンドエクセル────ヘルメット────サンダースノー
- グリーンデザート
  - ケープクロス
    - シーザスターズ
    - ベーカバド
  - インヴィンシヴルスピリット
    - キングマン
    - アイムインヴィンシヴル
  - オアシスドリーム────ショーケーシング
- ラングフール────アポロケンタッキー
- ウォーフロント
  - ザファクター
  - デクラレーションオブウォー
  - アメリカンペイトリオット
- ハードスパン

※ともに祖はノーザンダンサー

196

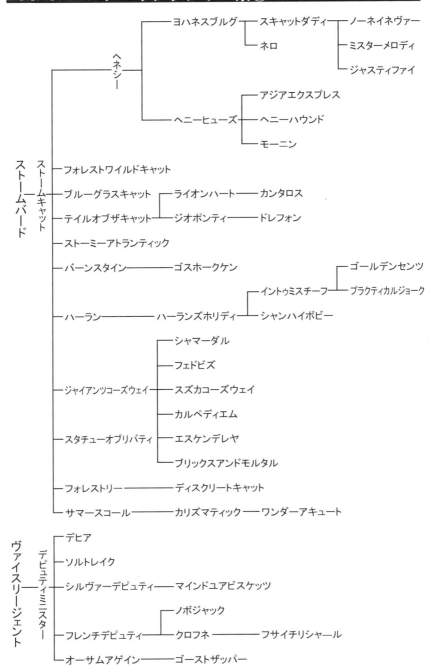

※ともに祖はノーザンダンサー

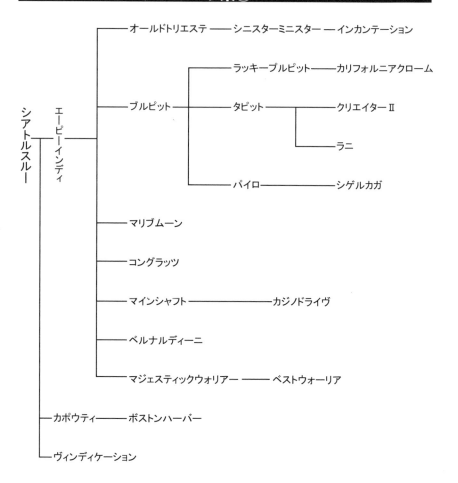

シアトルスルー
├─ エーピーインディ
│　├─ オールドトリエステ ── シニスターミニスター ── インカンテーション
│　├─ ブルピット
│　│　├─ ラッキープルピット ── カリフォルニアクローム
│　│　├─ タピット ── クリエイターⅡ
│　│　│　　　　　└─ ラニ
│　│　└─ パイロ ── シゲルカガ
│　├─ マリブムーン
│　├─ コングラッツ
│　├─ マインシャフト ── カジノドライヴ
│　├─ ベルナルディーニ
│　└─ マジェスティックウォリアー ── ベストウォーリア
├─ カポウティ ── ボストンハーバー
└─ ヴィンディケーション

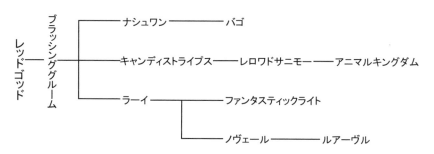

レッドゴッド
└─ ブラッシンググルーム
　　├─ ナシュワン ── バゴ
　　├─ キャンディストライプス ── レロワドサニモー ── アニマルキングダム
　　└─ ラーイ
　　　　├─ ファンタスティックライト
　　　　└─ ノヴェール ── ルアーヴル

※ともに祖はナスルーラ

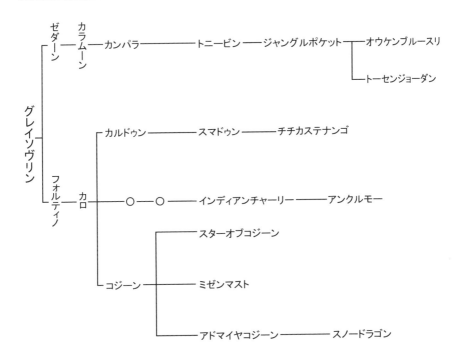

※ともに祖はナスルーラ

※すべて祖はミスタープロスペクター

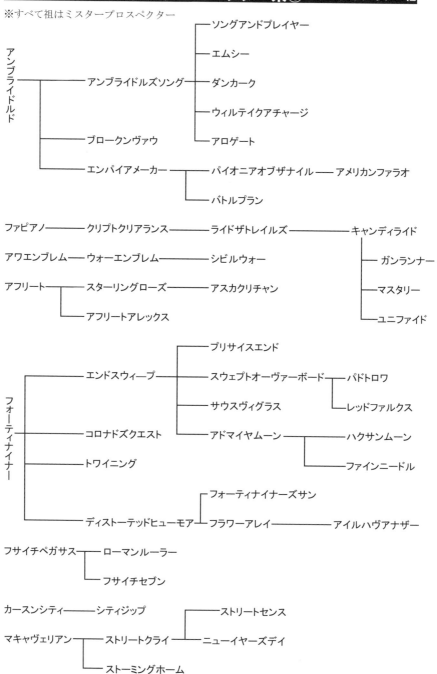

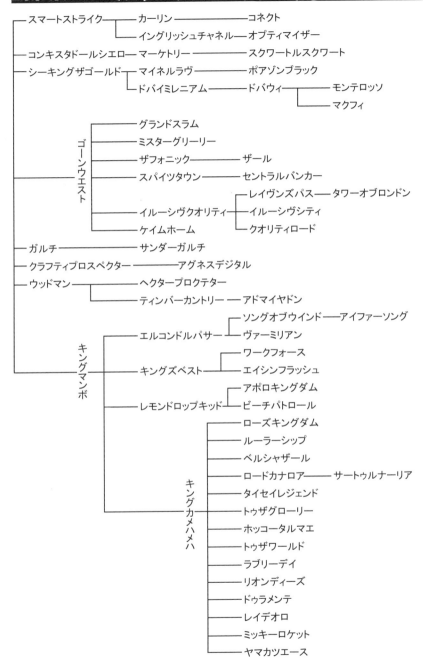

- スマートストライク ── カーリン ────── コネクト
  - イングリッシュチャネル ── オプティマイザー
- コンキスタドールシエロ ── マーケトリー ────── スクワートルスクワート
- シーキングザゴールド ┬ マイネルラヴ ────── ポアゾンブラック
  - ドバイミレニアム ────── ドバウィ ┬ モンテロッソ
    - マクフィ

ゴーンウエスト
- グランドスラム
- ミスターグリーリー
- ザフォニック ────── ザール
- スパイツタウン ────── セントラルバンカー
- イルーシヴクオリティ ┬ レイヴンズパス ── タワーオブロンドン
  - イルーシヴシティ
  - クオリティロード
- ケイムホーム

- ガルチ ────── サンダーガルチ
- クラフティプロスペクター ────── アグネスデジタル
- ウッドマン ┬ ヘクタープロテクター
  - ティンバーカントリー ── アドマイヤドン

キングマンボ
- エルコンドルパサー ┬ ソングオブウインド ── アイファーソング
  - ヴァーミリアン
- キングズベスト ┬ ワークフォース
  - エイシンフラッシュ
- レモンドロップキッド ┬ アポロキングダム
  - ビーチパトロール

キングカメハメハ
- ローズキングダム
- ルーラーシップ
- ベルシャザール
- ロードカナロア ────── サートゥルナーリア
- タイセイレジェンド
- トゥザグローリー
- ホッコータルマエ
- トゥザワールド
- ラブリーデイ
- リオンディーズ
- ドゥラメンテ
- レイデオロ
- ミッキーロケット
- ヤマカツエース

※ともに祖はミスタープロスペクター

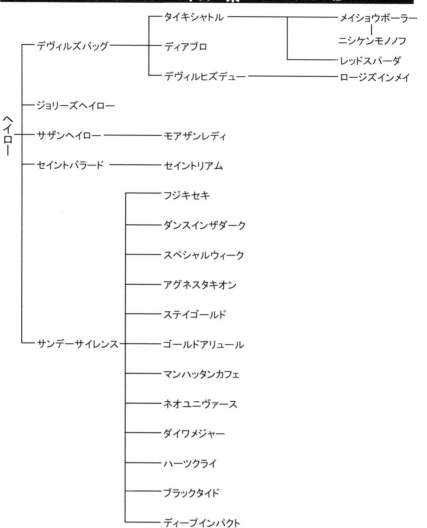

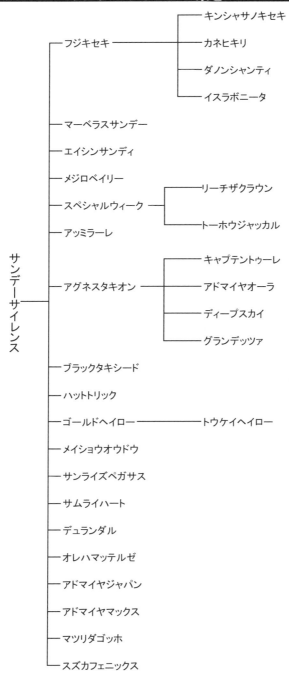

サンデーサイレンス

- フジキセキ
  - キンシャサノキセキ
  - カネヒキリ
  - ダノンシャンティ
  - イスラボニータ
- マーベラスサンデー
- エイシンサンディ
- メジロベイリー
- スペシャルウィーク
  - リーチザクラウン
  - トーホウジャッカル
- アッミラーレ
- アグネスタキオン
  - キャプテントゥーレ
  - アドマイヤオーラ
  - ディープスカイ
  - グランデッツァ
- ブラックタキシード
- ハットトリック
- ゴールドヘイロー
  - トウケイヘイロー
- メイショウオウドウ
- サンライズペガサス
- サムライハート
- デュランダル
- オレハマッテルゼ
- アドマイヤジャパン
- アドマイヤマックス
- マツリダゴッホ
- スズカフェニックス

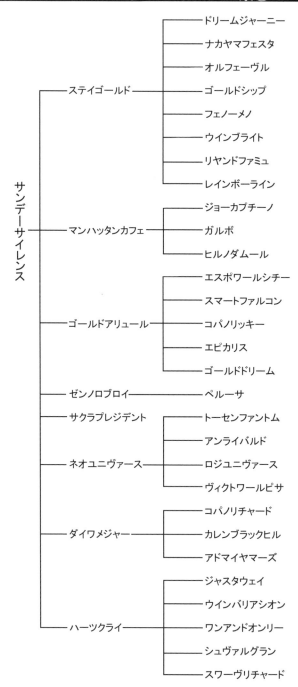

サンデーサイレンス

- ステイゴールド
  - ドリームジャーニー
  - ナカヤマフェスタ
  - オルフェーヴル
  - ゴールドシップ
  - フェノーメノ
  - ウインブライト
  - リヤンドファミュ
  - レインボーライン
- マンハッタンカフェ
  - ジョーカプチーノ
  - ガルボ
  - ヒルノダムール
- ゴールドアリュール
  - エスポワールシチー
  - スマートファルコン
  - コパノリッキー
  - エピカリス
  - ゴールドドリーム
- ゼンノロブロイ
  - ペルーサ
- サクラプレジデント
  - トーセンファントム
- ネオユニヴァース
  - アンライバルド
  - ロジユニヴァース
  - ヴィクトワールピサ
- ダイワメジャー
  - コパノリチャード
  - カレンブラックヒル
  - アドマイヤマーズ
- ハーツクライ
  - ジャスタウェイ
  - ウインバリアシオン
  - ワンアンドオンリー
  - シュヴァルグラン
  - スワーヴリチャード

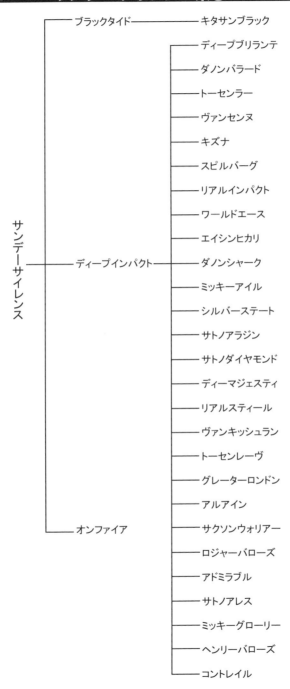

サンデーサイレンス
- ブラックタイド ─── キタサンブラック
- ディープインパクト
  - ディープブリランテ
  - ダノンバラード
  - トーセンラー
  - ヴァンセンヌ
  - キズナ
  - スピルバーグ
  - リアルインパクト
  - ワールドエース
  - エイシンヒカリ
  - ダノンシャーク
  - ミッキーアイル
  - シルバーステート
  - サトノアラジン
  - サトノダイヤモンド
  - ディーマジェスティ
  - リアルスティール
  - ヴァンキッシュラン
  - トーセンレーヴ
  - グレーターロンドン
  - アルアイン
  - サクソンウォリアー
  - ロジャーバローズ
  - アドミラブル
  - サトノアレス
  - ミッキーグローリー
  - ヘンリーバローズ
  - コントレイル
- オンファイア

主要【父】系統図　ロベルト系

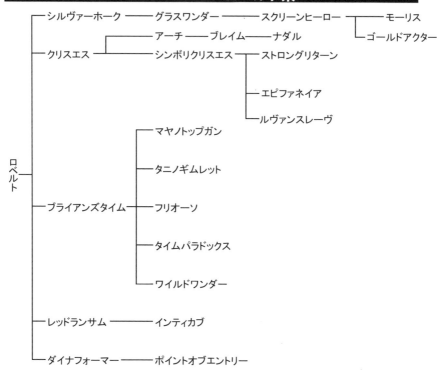

ロベルト
- シルヴァーホーク ── グラスワンダー ── スクリーンヒーロー ┬ モーリス
  └ ゴールドアクター
- クリスエス ┬ アーチ ── ブレイム ── ナダル
  └ シンボリクリスエス ┬ ストロングリターン
    ├ エピファネイア
    └ ルヴァンスレーヴ
- ブライアンズタイム ┬ マヤノトップガン
  ├ タニノギムレット
  ├ フリオーソ
  ├ タイムパラドックス
  └ ワイルドワンダー
- レッドランサム ── インティカブ
- ダイナフォーマー ── ポイントオブエントリー

その他の傍流父系

▼ハンプトン系（欧州）
アカテナンゴ
サッカーボーイ
ナリタトップロード

▼ヘロド系（欧州）
メジロマックイーン
トウカイテイオー

▼ブランドフォード系（欧州）
ノヴェリスト
モンズン

- -

▼ヒムヤー系（北米）
ブロードブラッシュ
ダノンレジェンド

▼ニアークティック系（北米）
ワイルドラッシュ
トランセンド

▼マンノウォー系（北米）
ティズナウ
ティズワンダフル
オナーアンドグローリー

おわりに

「わかったつもりでいたことが、実際は少しズレていた……」

　書き終えて見返すと、そんなケースが多々出てきていて、自分で企画しておいてこういうことを書くのもおかしいのだが、改めて面白いデータ本になったのではないかと思っている（自画自賛？）。

「あの種牡馬が抜けている」「別のこういうデータも欲しいのに、なぜ調べない」という批判はきっとおありだと思うが、限られた紙幅ということでご容赦願いたい。そのあたりは今後の宿題としたい。

　距離延長・短縮時の結果にしろ、道悪その他にしろ、適性というものはもちろんデジタルに表せるものではないし、いうまでもなく競馬は適性だけで決まるものでもない。

　ただ、能力差が小さい場合は適性がわずかの差の結果を左右することもまた事実である。ともすれば曖昧な部分のある適性、それもそれがどれだけの高さであるのかを、あえて数字で可視化してみたわけで、その試みのひとつとしてご理解いただきたい。そして、適性を探る一助として本書を毎週参考にしてくださったら、とてもうれしく思う。

　さて、本書の内容には直接の関係はないが、2024年は競馬界にこれまでいくつかあった、大きな転換となる年になるはずだ。

　その筆頭は、やはり地方競馬との交流の在り方が大きく変わること。中央馬が南関の三冠路線すべてに出走が可能になるし、古馬大レースの施行時期も変わっていく。

　求められる馬質や馬づくりも徐々に動いていくはずで、それぞれの舞台における適性は改めてクローズアップされていくだろう。もし初年度からそれらにある程度気づくことができたら、またこうした書籍で発表することもあるかもしれない。そう思うと、変革を嘆くばかりではいけないと、改めて鞭を入れ直す気持ちにすらなっている今日この頃だ。

　巻末ながら、最後までおつき合いくださった読者諸兄、編集スタッフ、そしてカバー担当の橋元浩明氏に、心より御礼申し上げる。

2023年11月　水上　学

●著者紹介

水上 学（みずかみ まなぶ）

1963年千葉県出身。東京大学文学部卒。ラジオ番組ディレクターを経て、競馬ライターに。フジテレビONE「競馬予想TV！」レギュラー出演（24期シーズン・GI・ねらい目回収率三冠）。ラジオ日本「中央競馬実況中継」解説（土曜日午後担当）。月刊誌「競馬の天才！」で「水上学の上から目線」連載中。著書に『種牡馬戦略SUPERハンドブック』シリーズ、『競馬攻略カレンダー』シリーズ。近著に『重賞ゲッツ！』シリーズ（秀和システム刊）。翌日の厳選レース予想をサイト「競馬放送局」（kei-v.com）で有料配信中。無料競馬サイト「競馬Lab」（http:pc.keibalab.jp/）で翌日の注目馬（金・土曜夜8時頃更新）と、レース回顧コラム（水曜更新）配信中。無料競馬サイト「競馬JAPAN」（http://www.keiba.jp/）で「爆弾穴馬3」を配信中。個人HP「水上学と絶叫する会」（携帯サイトあり）。 詳細はhttp://www.mizukamimanabu.net/pc/
ブログ URL http://mizukami-manabu.cocolog-nifty.com/
YouTube チャンネル「水上学の競馬大学」随時更新中

血統ゲッツ！2024
（けっとう）

発行日　2023年12月25日　　　　　　　　第1版第1刷

著　者　水上　学（みずかみ まなぶ）

発行者　斉藤　和邦
発行所　株式会社　秀和システム
　　　　〒135-0016
　　　　東京都江東区東陽2-4-2　新宮ビル2F
　　　　Tel 03-6264-3105（販売）　Fax 03-6264-3094
印刷所　三松堂印刷株式会社　Printed in Japan

ISBN978-4-7980-7146-6 C0075